U0143775

The Rebellious
Gaze

**How Have They
Changed the World?**

反叛的
凝視
<small>他們如何改變世界?</small>
張鐵志

For Winnie, Once again

目次
Content

每個世代都會出現少數幾個百科全書派的知識分子，
他們是跨界的游俠，很難界定他們知識版圖的邊界在哪裡，
張鐵志就是他那個世代的那種人。
而且他是一個迷戀六〇年代的知識分子，
那個年代對他雖如上古史，但他卻在故紙堆中尋尋覓覓，
跟那些曾經風雲一時的老靈魂們交游對話，
以他們為友，視他們為典範，
長期的耳濡目染也讓他望之讀之聞之都頗有古風。
這也是為什麼在他寫的文章裡，
你可以強烈感覺到到處都埋藏著
反叛的、革命的、洋溢著理想主義的這樣的或那樣的基因，
他的文章是古典價值隔代遺傳的範例。

王健壯
《中國時報》總編輯

不管你自覺反不反叛，都可以走入這本書，
看見反叛「美國」（這麼大）的另一款美國（原來，這麼豐富）；
像在連鎖店面高聳的下雪的街道，彎進一間亮著燈的左翼小書店。

聽林生祥的歌，看張鐵志的書，是這一代知識青年的你——
是的，就是你——不可錯過的事。

吳音寧
作家

鐵志有一顆炙熱的心，一雙清明的眼，還有非常少見的理想性格，
他總是能在無望處看見希望，在黑暗處看見光亮，
而且在眾人早已習以為常的故事裡看見另一種可能，
他不斷探問：在這個結構森然的強權世界裡，
有任何可能的反抗型式嗎？
有任何理想存在的空間嗎？
有比槍彈更有力的反制嗎？
鐵志這些迫切的提問在文學、藝術
和通俗文化的各種實踐中得到了解答。
他的文字冷靜而有條理，伴隨一種難以言喻的力量，
像最簡單的歌聲，嘹喨地穿透冷漠的世事，
讓每個理想青年骨子裡僅存的一星火花，一絲夢想，
又重新燃燒沸騰了起來。

柯裕棻
作家、政治大學新聞系教授

鐵志致力實踐「倫理」（ethics）──
他努力打開「溝通」的場域。
我所說的溝通，不是商學院用語，而是哲學詞彙：
鐵志在溝通的場域（電腦網路、社會運動）之中，
傾聽各種聲音（音樂、弱勢族群的心聲），
並且鼓舞各種聲音穿梭流動。
他不是要說服別人；他是要被別人說服。
這種倫理的實踐，建立在鐵志的用功（用心去聆聽還作筆記）
和慷慨（願意花時間力氣去聽）上頭。
鐵志的努力，可以作為後進讀書人的模範，
也可以警醒前輩讀書人勿忘理想主義。

紀大偉
作家

要認識當前世界的「金主」與「禍源」──美國，
本書可與法國學者索爾孟《美國製造》並列爲必讀。
張鐵志開宗明義引用「地下氣象人」的名言：
「在一個暴力的時代，如果什麼也不做，
只是繼續享受你的中產階級舒適，這本身就是一種暴力的行動。」
──那麼能做什麼呢？
張鐵志做的是，以生動的筆法、宏觀的視野寫了這本書，
實地引介各種「異議」以及抗爭的典範。
而我們能做的是，好好讀它，
明白個人行動的確可以、而且正在，改變世界。

鴻鴻
詩人、導演

讓我們去到一個現場：閱讀張鐵志

陳義芝
詩人、《聯合報》聯合副刊主任

　　年初張鐵志送我一本《爭論世界──紐約知識分子現身說法》
（*Arguing the World: The New York Intellectuals in Their Own Words*）。內容是一篇篇有關歷史、理想主義、世代心情、反叛的談話摘錄。

　　有兩則「知識分子」的說法，當我想起鐵志的文章批判時，就會出現在腦海：

　　學者不是知識分子。學者是在大學教書的人，做學術工作的人。
　　他們之中有些是知識分子，但大部分不是。知識分子有一個獨立
　　的心靈，有一個寬廣而會歸納的心靈，有一個原創的心靈。我
　　想，知識分子可以這三個品質來定義。不是所有的學者都有這些

品質。

——威廉·菲利浦（William Phillips）

知識分子的作用應該獨立於社會統治機構。要做一個評論家，就算在這世上你會變得很邊緣，就算那意謂你不屬於「名人」，就算你只能替發行量很小的雜誌寫文章，你也始終如一做評論家，到處喊「魚已經臭了」，因為很多魚真的臭了。

——歐文·何奧（Irving Howe）

我與鐵志的出身、學習背景都不同，我所以會注意到他，是他筆下巨大的意志能量，敏銳的像是輓歌般的詩情。大約三、四年前，我零散地讀到他寫的搖滾故事（後來結集成《聲音與憤怒》），深深被打動，於是邀他為聯副寫專欄，繼續追蹤他出入在一些動盪與激昂的場景中，把始於1960年代至今一個個懷著改變世界夢想的人帶到我們眼前。不僅只是感性的抒發，鐵志的內心是一座溫度極高、臨爆而續燒的鍋爐，要求台灣這一代人拿出信念，擬訂行動綱領。

在鐵志的文章，他所熟知的美國理想主義反叛現場裡，我想起一個個籠住台灣社會脖子無力掙脫的繩套：

我們的社會還有沒有具備獨立、寬廣、原創心靈的知識分子？
誰是？
我們的文化名人早已處身邊緣，但是俯身於權勢鼻息的邊緣，

還是始終誠實地面對世界到處喊「魚已經臭了」的邊緣？
你記得1970年代的反戰歌曲〈Ohio〉嗎？
你知道美國還有不死的老靈魂用歌聲
反擊他們說謊、好戰、破壞法律、浪擲公帑於國外的總統嗎？
文學藝術能不能改變人們的想法與意識？
社會如果不願意檢視文學藝術的意涵，
有沒有能力檢視金錢在人性和倫理上的意涵？

　　上一代以及和我同代的人的社會角色，都模糊掉了，晚近二十年，知識分子何其寥落，一整代人竟沒有為一次次錯誤的認知與影響而反省。在一切都沉淪都墮毀的時代，我只能慶幸還有像張鐵志這樣年輕的知識分子，在做自我追尋，不只是對歷史現場的禮讚，還奢望把眾人帶到一個可供未來懷想的歷史現場。那是不向庸俗繳械，飄揚著音樂與詩歌的現場。

　　對於張鐵志，我才剛開始閱讀，我很願意在他文章的召喚下，持續追隨他的理想，向自身的命運吶喊。

純真的熱情，基進的抵抗

郭力昕
政治大學廣電系教授

　　在最近一次重返倫敦大學Goldsmiths校園的旅途裡，我與幾位從政大傳播學院畢業、剛進此學院唸碩士班的學生碰面聊天。這幾位曾在政大上過我的課的廣告系與廣電系的學生，目前在Goldsmiths College攻讀與傳播或藝術相關的不同系所。問及他們的學習心得時，幾位年輕人異口同聲的說，不同課堂上不同老師的學術政治位置，大體上全是左翼的、批判的觀點，在這裡沒有人會談譬如新自由主義的東西。來自習慣於後者立場的台灣校園，她們顯然受到了很大的衝擊。

　　我感慨地說：以前在課堂上，不少同學對我用一些類似觀點作為分析的基礎，總覺得是偏激高調、難以接受、甚至感到其信念被冒犯而心理上抗拒；現在妳們自己出來接觸世界，就知道台灣校園或媒體

觀點的狹隘與單一、而我那一點批判立場根本不算什麼了吧。模樣仍然單純稚嫩、但已經被繁重功課壓得辛苦的幾位年輕認真的學生，點頭默認著，臉上開始透露著些生活與學習後的成長。當然，倫大這間學院，是以左翼批判觀點為特色的大學校園，但是這樣學術立場的學院或系所，在英國歷歷可數。台灣的學術政治、社會價值、或生活實踐，都太過缺乏足夠的不同參考經驗，讓一代復一代資質更為優秀的年輕人，只能在有限的、趨於同質的養分或經驗裡，不斷複製類似的生活方式、價值、或想像。

在台灣學院裡教書的一個很大的痛苦，於我而言，正是年復一年地看到資質一流的年輕學生，大部分已經被這個戕害人的教育機制、和極度功利主義的社會價值，扭曲得普遍世故、缺乏熱情、言語乏味面目空洞，像是從零件工廠裡生產出來的一批批被高度制約的肉身機器人。令人心痛的是，他們僅存的一些熱情，也許能在某些激發鼓舞之下被一時召喚出來，但是，很多人很快地會縮回那個安全的自我保護殼裡；而他們本來該有的率真與昂揚，則在被成人世界的謊言與虛偽所調教出來的過早的世故、犬儒、算計、與同時表現的稚齡化言行裡，消失殆盡。就這樣，台灣社會在成人社會的敗壞與消耗中，也將新的生命熱情與可能的理想性格，繼續整批地扼殺、葬送。

在如是的校園與社會風景裡，看著鐵志的文章、他的書、和他的人，覺得格外的清新、亮眼。無論介紹西方搖滾樂，或美國政治社會與文化場域的異議反抗典範時，鐵志的筆尖透露的，是一種相當純真的熱情，與對理想精神的嚮往。他並非天真到以為，只要不斷介紹紐

約的政治或文化抵抗人物，就能喚出台灣青年的理想主義精神；從其專業學術訓練裡，鐵志當然知道，許多問題更在於結構性因素或制度面的艱難改造工程，而不是單純鼓吹革命情懷就可以竟其功。然而，鐵志仍然純真地嚮往著他未曾來得及參與的某種西方1960年代的理想主義精神，並且努力地將這樣的精神轉述、宣揚給此間的讀者，這是饒富趣味的。

鐵志書裡的訊息，對於年輕的世代，除了每一則介紹、鼓舞著進步政治與實踐精神的參考典範之外，我以為一個更重要的核心氣質，即是這位年輕作者展現的純真的熱情，與對理想的素樸追求。當如孩童般純真的對周遭世界的好奇與熱情，在世故、現實的台灣，是如此稀有之時，把自己失落的、或被嚴重摧殘的純真與熱情重新找回來，也許是奢談其他社會改造或政治參與之前的「第一件差事」吧。我以為，這種純真、素樸的熱情，甚至會是作為承諾著長程的、基進政治抵抗的一種「生理」基礎。在這個基礎上，我們不容易失掉對人與社會的好奇心、想像力與愛；然後，我們可以深化對政治、社會或文化之問題意識的理解，和實踐策略，而不至於輕易把自己搞得太疲憊、太緊張、太無趣，而在抵抗的志業上，早早就放棄、撤退。

如果在學院教書的一大痛苦，是看到多數學生被環境調教出來的現實功利與缺乏熱情，則我在大學教書的一個極大的樂趣，弔詭地，也剛好是能夠接觸到一些在這樣不利的成長環境下、在成堆自我期許為主流社會菁英的中產價值青年裡，總有著令人驚豔的理想主義青年的身影與實踐。這些人的資質其實特別地優異，但是她／他們願意將

自己的青春與才華，投注在公共參與、社會改造與政治抵抗上。在這個事實上，台灣社會的明天，其實是令人期待的。鐵志透過書寫所彰揚和實踐的淑世理想與政治熱情，正可以是更年輕世代的一個鼓舞的力量。

那個黃昏，第一次聽到美麗島的歌聲

范雲
台灣大學社會學系助理教授

　　一個人無法選擇何時出生，就像她／他無法選擇在哪一個歷史時空下進入大學。

　　猶記得那一天傍晚，1986年的秋天，台灣還未解嚴，也許是10月，也許是12月，天氣有點冷。剛成為大學新鮮人的我，參加完一場系上所辦的迎新座談，走在椰林大道上，夜色漸沉。遠遠地，椰林大道盡頭的台大校門口，隱隱的燈光，聚集著人潮。好奇的我，走入人群往前探去，看到聚著光的人群中，有人拿著麥克風，站在破舊的木箱上，旁邊有人手上舉著大海報。演講的人解釋著，海報上畫的是箝制台大言論自由的流程圖。

　　我入迷般地忘了回家的匆忙，聽著與看著這些有著成熟卻又略帶純真眼神的學生們輪番控訴大學的不義，他們慷慨激昂的熱情與條理

分明的論述深深地吸引了當時十八歲的我。剎那間，我彷彿感受到了小時候閱讀《未央歌》時，所嚮往的那個代表著青年理想主義的大學氛圍。這就是了，這就是我來大學的目的，我在心底呼喊著。我感到相當興奮。所有陳腐的、教條的、不公不義的，都會被批判。大學之所以為大學，的確不同。

很快地，演講會到了盡頭，兩位同學拿出了吉他，介紹即將演唱的一首歌。叫做〈美麗島〉，他們說。「美—麗—島」，成長在戒嚴時代，受到黨國馴化教育的我，聽到美麗島這三個字好像觸了電似地，聯想到兒時記憶中的美麗島事件。我有些感嘆，更多的是不解——為什麼這些充滿了正義感與理想主義的大學生會和「台獨」掛上邊呢？奇怪的是，當我開始聽他們吟唱起這首叫做美麗島的歌時，我卻不由自主地喜歡上它悠揚的旋律以及動人的歌詞。從此，「水牛、稻米、香蕉、玉蘭花」這幾句像童年鄉土般溫暖的詞句，就留在了我的心版上。

如果當初沒有剛好在那個黃昏，走過台大校門口，如果沒有在那個黃昏，聽到美麗島的歌聲，我，還會不會是今天的我呢？

我不知道。我只記得，參加過那個「非法的」校園群眾集會後，過了一兩個月，我走進了一個叫做大陸社的社團辦公室。為什麼會走進這個有著奇怪名稱的社團呢？其實，只為了系上學長的一句話：「台大沒有人在唸書，大概只有『大陸社』這個社團還有人在唸書吧」。這個被認為「還有人在唸書」的社團，吸引了我的好奇心。我按圖索驥地找到了校園偏僻角落裡的這個社團。放膽踏入後，同時驚喜

地發現，這個社團隱然就是「那個舉辦非法演講要改革大學的自由之愛」的祕密基地之一。決心要親近這群人的我，在牆上寫著「馬克思主義讀書小組」的報名海報上簽下了自己的名字。

加入大陸社之後，果然，我的大學生活開始充滿了知識與行動的驚奇挑戰。從讀書會裡，硬生生地啃著《德意志意識型態》《費爾巴哈論綱》的困頓，到某天在社辦裡因為詢問「謝雪紅」是誰，換得的滿室尷尬。「她是台共」，有人好心地以這四個字回答。我在心底質疑，這是個「被知識異化」的團體，因為人們用了太多抽象高遠的術語只為疏離彼此。然而，我又無法不被這些知識的魅惑所吸引。我渴望熟讀所有的批判知識，也渴望理解台灣這塊土地上我所不知道的歷史。於是，我開始蹺課，開始讀書，開始牙牙學語，開始咬文嚼字。我真心地相信，學會了這些迷離難解的文字之後，我將會發現人間的真理，而真理的背後必然帶有一個美麗新世界的承諾。

大一升大二的那個暑假，一封將愛慕隱藏得很好的信問我，「難道，你就要成為一個馬克思女孩嗎？」。也是在同一個夏天，一個社團學長質問我，正當我們漫步在河岸美好的風光中時，「統獨左右的象線上，你站在哪一邊？」。青春正盛的我，急於回答這些時代的叩問，我參加一個又一個的營隊：從學術研習、台灣文化、國民黨校園政策，到議事規則，熱切地像是要為即將到來的革命做好一切可能的思想準備。日子，在閱讀、辯論、再閱讀與再辯論之間，溢得滿滿。大學二年級的我，在校園刊物上發表文章，用批判的概念丈量大學的高度；和同儕一起動手，在文學與歷史之間摸索拼貼關於土地與人

民的圖像。當然，我們振筆疾書寫就的文章永遠不會忘記批判政權的不義。

當時，我們是相信「關懷必先瞭解，學術優於政治」的。只是，隨著校園局勢的步步高升，我們之間，不斷地發生知識與行動倫理的激辯：「我們是盲動主義者嗎？」「誰又是思想的巨人，行動的侏儒？」「該不該讓大一的學弟妹簽署大學改革請願書？」「除了意識型態的批判之外，我們有沒有更多深刻的社會分析？」。密密麻麻記錄著一場又一場討論的筆記簿，我換了一本又一本。像塊急於吸收一切養份的海綿，很快地，我從讀書會走向行動。情勢的不義無法等待我們冗長的倫理思辨──知識不及精鍊，膽識則越練越勇，我們沒有選擇地、熱烈地活在後解嚴時代的校園裡。我們相信我們必須扮演改造大學與社會的急先鋒。

六○年代的歐美學運以及總總激進傳說，在當時，還未被商品化；反叛與革命也並未成為青年美學。但是，各國學生運動的書籍與理論，卻已經在台面下開始流傳。有人會在酒醉後高唱關於革命的搖滾歌曲──似乎只有異鄉需要被翻譯的革命，才配得上青春高貴的血液。只是，校園中發生的事件，也許過於溫和、也許永遠不夠激進，但比起書本裡遙遠在他方的革命，總是更為真實貼近。椰林大道的傅鐘前，三不五時，就有人要辦說明會或演著行動劇。拿起擴音器在校門口演講，即使駐足傾聽的總是少數，也足以讓人熱血沸騰。勞工、環保、女性主義、下鄉，我們，在各個議題穿梭間，認真努力地操練著反抗的姿勢。

然後，似乎就在轉瞬間，運動風潮在九○年代那幾年的狂亂裡，像海嘯般地席捲了我們中的每一個人。3月學運，5月學運，417、519，520、10月10日。所有的數字都具有特定的政治意義。我們變得總是在街頭相遇。街頭警察的盾牌與亂棒，就像是青春必須配戴的勳章般地，我們見證領受了國家的暴力。即使已是那麼地輕微。然後，我的台語，在街頭學到的字彙永遠很政治，也越來越流利。

　　回想當時，我是在我們的學運被當成真正的學運看待之後，就想要離開了。我渴望認真讀書。運動的熱情與承諾，並沒有被遺忘。但我惶惶然覺得一切並沒有準備好，那些關於「我們的運動」所需要的社會分析。重返研究所後，1994年，我離開台灣，前往西方學院的殿堂，想要將一切屬於集體與運動的過去留在身後。

　　異鄉學院裡歌德式高聳的象牙塔尖，與湛藍的天空，果然讓我暫時遺忘了紛擾的故鄉。除了努力學習用英文讀書之外，我看戲、畫畫、跳舞、旅行。體會空間與建築。嘗試在異文化裡自在行走。學習用身體，而不是用大腦思考。學習，回到姊妹情誼的分享，不再繼續和男人爭辯。我想，我想要瞭解，除了運動，除了集體之外，人生的各種可能。

　　終於，我確認，人生是為了求真、求善與求美而來。學術是，運動與政治也是。我們的手段永遠不能也不應異化了原初的目的。學院蜿蜒路上的困頓，像禪修，冥冥之中，引領我走向不同的光。那些曾經在記憶中被迫暫時遺忘的理念、路線、矛盾、鬥爭以及國家體制的民主化應不應該具有優位性的討論，如浮流隱現般地轉化成學術的語

言，回潛到我的大腦，以另一種全新的面貌和我對話。大雪茫茫的冬天夜裡，綠芽像插電般地迸出枝頭的春天早晨，電腦螢幕前，飄著咖啡香味的窗邊，我在學術格式的寫作中，一字一句，學習用別人聽得懂得的方式，進行一個又一個微小知識的實驗。

二千年政黨輪替後回到台灣。奇妙地，如今，我又回到曾經熟悉的校園。椰林大道依舊。只是路上，看不到手工繪製的海報，發傳單的永遠是補習班。BBS上，聽說，偶而會出現喧鬧的爭辯。

當我站在講台上，講述到馬克思的異化概念與實踐哲學時，台下有幾雙眼神，開始閃爍著我曾經熟習的那種晶亮。我以平和地腔調告訴學生：馬克思不是用來嗷牙學語的反叛符碼，也不是唯一基進的意識型態，它可以是一種價值關懷、一種社會分析，或，一種政治路線。——然而，下了課回到辦公室，我心中仍然竊喜，還是有被馬克思凝視的眼神，所召喚的年輕靈魂。

當有學生忍不住在私下聊天時問起，老師，你看來這麼溫和，當年怎麼會參加學運呢？我有時不想回答，有時也許就說，一切都要怪二十年前的那一天，黃昏的校門口，那首叫做「美麗島」的歌是如此迷離與動人。

僅以這篇小文送給張鐵志的新書《反叛的凝視——他們如何改變世界？》，紀念那段我們曾經在一個小小的社辦裡交疊走過的青春。

自序
凝視、書寫與實踐
張鐵志

1991年，我進入台北城的大學。

彼時我們心中有著滿滿的理想準備燃燒，立志要以各種方式投入社會改造。我們嚮往八〇年代黨國體制壓迫的黑暗和青春學運熱血的鮮紅之間的高度反差，並把六〇年代全世界的學運當作自己未曾謀面的鄉愁。

但我的大學四年，卻正是大規模學運正在快速退潮的時期。那是台灣民主化收成的年代：國會全面改選，黑名單逐漸解禁。人們說，這不是浪漫革命的時代，學運已經一去不復返了。身旁的同學們冷眼看著我們尷尬地站在校門口發著彷彿從泛黃紙堆拿出的傳單。

但我們並不願相信。我們不相信校園中不需要熱情而誠懇的反抗者，不相信學運的存在是被潮流所決定的。如果沒有運動風潮，我

們就一點一點慢慢搞吧；運動本來就不是為了廣場上的激情而存在，而是應該如穿透木頭般的持續累積——一千張傳單只要改變五個人也好。

要改變世界，必須先讓自己能夠認識世界。我們認真研讀政治經濟社會學理論，希冀理論提供對台灣社會矛盾的犀利分析；我們辯論台灣的的資本主義發展與政治體制，希望找到具體的改革策略。

當然，我們也看電影聽搖滾，因為革命不能沒有美學的想像。

十年後，跨越九○年代迅速變遷中的台灣，目睹了政黨輪替，我來到紐約攻讀政治學博士。

兩千年後的美國進入一個全新的邪惡年代。而這是反抗者的美好時代。

新的反抗能量正在校園內、在劇場中、在廣場上、在屬於人民的街道上四處湧現。我開始重新認識、學習那些不太熟悉的議題，參加一場又一場的抗議遊行，聆聽一場又一場的六○年代老靈魂或是當前運動分子的演講。並且，用我的文字記錄下來。

正如我十年前在大學中的信念，這個世界從來都是必須被人們改造。重要的是我們如何保持獻身的熱情，如何去尋找出各種明顯的或潛藏的矛盾。

原本選擇學術作為志業，是因為希望知識可以幫我解答社會改革的終極目標是什麼，去追問什麼樣的政治經濟體制是理想且可行的。但是這畢竟是一個永遠不可能有終點的旅程。所以，我只得在這個追

尋的過程中，焦急地把一些不成熟的思考與觀察拋出來，和有興趣的朋友一起激盪。

這是這本書的起點。

也許會有人問，爲什麼要寫美國？難道，台灣受美國的霸權影響還不夠多嗎？

我的答案是，我們被美國的影響確實比其他世界各地更多，但是我們對這個帝國的瞭解還太淺。起碼我自己在來到美國之前，對這個霸權底下的各種反抗的思潮與實踐瞭解太少。因此，既然我有機會在此地唸書，接觸到一些思想資源，也就希望可以和台灣的朋友分享。

當然，更核心的關懷，不只在於瞭解西方，而是更在乎這些西方的經驗與思考對台灣在地社會實踐有什麼意義？例如寫到MoveOn，我思考的是如何建立台灣的網路政治模式？寫到音樂與文化的政治介入，我也不斷反省到底可以在台灣如何建立一套文化行動主義呢？

對於這諸種問題，我顯然無法有清楚的答案。這些問題需要一個批判的社群——包括社運工作者、知識工作者和所有關心的朋友——長久的思考、共同的激盪。這本書只是希望在這個批判社群中扮演一個觀照他者的小小角色。

這本書的一個特色是，這些文章出現的時間正好是台灣部落格時代的開啓。部落格的即時性和互動性使其具有成爲一個活躍公共領域的潛力。因此，這些文章大部分是在媒體上發表後，登在部落格上接受朋友們的想法與批評，然後我再回頭檢視、修改。所以某程度上，

這本書是一個部落格社群公共討論的產物。我衷心感謝這些不吝於貢獻他們智慧的朋友。

　　希望這本書出版後，我在紐約的求學生涯也可以盡快結束。從凝視到書寫，接下來我更急切的是，在台灣實踐的問題。

　　這本書的形成歷經好幾階段。第一階段是我從2004年下半年起同時在《聯合報》副刊和《中國時報》時論廣場撰寫專欄，記錄我在美國觀察到的政治和文化現象，尤其是04年底正好是美國總統大選。其他文章則是後來於其他媒體上撰寫的，包括《新新聞》、中時論壇、中時人間、蘋果論壇和社運網站苦勞網。但本書並非直接放入這些舊文，而是端視其是否符合於本書的新架構，並將全部文章都經過大幅修改。這些修改一方面是因為經過部落格上的討論，另方面則是我增補了這些事件到2006年底的最新發展。

　　本書的誕生，最要感謝《聯合報》副刊陳義芝主任在我2004年5月剛出版《聲音與憤怒》一書時，就大膽邀請我這個副刊新人撰寫一年的專欄。也要感謝《中國時報》時論廣場主編蔡其達、人間副刊主編楊澤分別邀我寫評論和散文專欄。

　　印刻出版社願意出版這樣一本激進氣味濃厚的書，讓我非常感激。沒有總編輯初安民先生、副總編輯一鯉、主編名慶的協助，以及台灣超級美術志弘的才華，不會有各位眼前的這本書。最後出版期間與N的討論，也對我收穫良多。

　　對於在本書提供推薦文字的諸位前輩與朋友，他們的溢美顯然太

過於慷慨，讓我非常惶恐。但我願意把這些當作最深刻的期許與惕勵，讓我在未來的寫作與實踐道路上，不敢懈怠。

深深感激在寫作道路上一直鼓勵我的友人們，以及早在聯副時期就喜歡這些文章的讀者朋友。當然，最大的感謝還是給一直支持我、陪著我往前走的家人與Winnie。

反叛的凝視：他們如何改變世界？

The Rebellious Gaze: How Have They Changed the World?

Part 1

歷史如何啓發現實
How Has History Inspired the Current Struggle?

1

地下氣象人
The Weather Underground

> 嗨，我現在要宣讀一份戰爭宣言……在接下來的十四天，我們將
> 攻擊代表美國各種不正義的象徵或制度。

1970年3月，在這個靜謐的格林威治村街道，我眼前的這棟美麗房子轟然一聲發生爆炸。這是六〇年代美國激進學運組織「氣象人」（Weatherman）的成員在房中製作炸彈時意外引爆，三人當場死亡。這場爆炸把六〇年代的學運帶向了黯淡的尾聲，但卻不是氣象人故事的終點。

這一年，氣象人向世人宣布了上面這份宣言，並轉化為「地下氣象人」（Weather Underground）。他們立志要推翻這個世界的一切壓迫與不義，要和黑人以及第三世界的解放運動站在一起，要在地下用

反叛的凝視
The Rebellious Gaze

炸彈進行游擊戰。六〇年代充滿激情、理想、音樂與政治暗殺的大歷史劇，從此轉變爲一部革命英雄傳、一場政治警匪劇，一部激進版的《我倆沒有明天》（*Bonnie and Clyde*）。

那是一個何等動盪與激昂的年代。世界沒有一刻是靜止的。

對這群憤怒青年來說，他們眼見美國在越南殺了數十萬人，每天電視和雜誌上傳來無辜越南小孩和婦女殘缺屍體的照片，但各種抗議遊行似乎都無法阻擋住這場戰爭。這迫使他們提出「把戰爭帶回美國」的策略──「要讓美國的土地上也出現戰爭，使得人們不能再對美國在越南的屠殺麻木不仁」。

1969年他們組織了第一場暴力抗爭行動「憤怒的日子」（Days of Rage），但對這群白人中產階級青年更大的震動，是一名二十一歲的年輕黑豹黨領袖Fred Hampton在家中被警察擊斃。當黑人運動的領袖不斷面臨死亡威脅時，他們卻能由於他們的白色肌膚而免於警察最赤裸的暴力，因此他們決定以暴制暴來對抗不義的國家機器。

從1970年起，在國會山莊、國務院、五角大廈、法院、國民兵總部、大企業總部，他們進行了十數起爆炸案件。

「在一個暴力的時代，看著你的國家在別人的土地屠殺無辜的人民，如果什麼也不做，只是繼續享受你的中產階級舒適，這本身就是一種暴力的行動。」這是他們的信念。只要美國的人民不對這個體制和政策提出抗議，他們就是帝國主義的共犯。

不過，地下氣象人在七〇年代的攻擊行動中由於都會先通知被炸單位撤離，所以從未造成死亡──除了1970年那次意外身亡的那三人。

這是氣象人當年在格林威治村西11街爆炸的房子。修復後現在是一般民宅。

他們一直在奔跑，在這個世界的陰影中奔跑。

三十多年前，他們在夜裡親吻父母、情人、朋友的額頭，告別了青春，告別了六○年代的浪漫，準備躲藏進另一個黑夜，一個眾人看不到的世界陰暗面。

然而這個世界的陰影對他們來說是真正的真理所在，眾人生活的世界才是真正的黑暗：那是個不正義正在蔓延，但人們卻保持冷漠的世界。

1975年越戰的結束，似乎使他們沒有政治和戰略上的理由繼續潛藏地下，並開始懷疑起亡命之徒的日子：有人開始懷念和家庭的聯繫，有人生了小孩，認為不能讓小孩一面長大一面疑惑為何周遭都沒有朋友。於是他們大部分人自首，少數人則轉向其他激進暴力組織。一段美國戰後青年理想主義激進化的悲歌於焉結束。

但當他們在七○年代末決定邁出陰影，回到世界的這一頭而向警方自首時，歷史卻開了他們一個玩笑。由於FBI以非法方式蒐集起訴地下氣象人的證據，所以他們都只需要服短期的牢獄就可以出獄。

2002年秋天，我來紐約之後看的第一部電影就是關於他們的紀錄片 *Weather Underground*。而放映這部紀錄片的藝術電影院Cinema Village，正好是在1970年被炸毀的那棟房子的幾個街口外。

當年英姿勃發的運動領袖真誠地回首過去。有人感到悔恨：「如果你認為你有一個至高的、絕對的道德立場，那麼這只會帶來危險。」有人則認為那些行動在那樣的環境下並不算極端。而唯一仍在服刑的

Part 1 | 歷史如何啟發現實
How Has History Inspired the Current Struggle?

41

David Gilbert則相信他們所做所爲並沒有錯，但是他願意負起服刑的責任：「如果歷史能夠重來，我會再做一次，但是會做得不同，做得更聰明。」

但他們都承認，暴力並不是最有效的做法。正如當年著名學運領袖、地下氣象人成員Mark Rudd在影片中的反省：「當時我們的確正確地掌握了美國在世界體系中的位置，事實上今日美國仍然是世界上最暴力的帝國主義。但是這個知識太過於龐大，以致於我們不知道該如何面對，如何去回應和解決。」

這或許是地下氣象人對我們最大的思想遺產：暴力之外，我們該如何改變不義的體制呢？

地下氣象人一直不相信組織工作。原本六〇年代最大的學運組織「民主社會學生聯盟」（Students for Democratic Society，簡稱SDS）在氣象人奪得權力後就徹底瓦解。而當其他人沒有響應他們號召的街頭抗爭行動「憤怒的日子」，他們唯一的結論就是大家都被體制收編了，因此只能靠他們幾個人的暴力革命來摧毀美國帝國主義。

諷刺的是，他們自認支持與結盟的主要對象，黑豹黨，卻與他們有完全不同的運動觀。黑豹黨認爲改變世界必須透過對民眾的長期組織和動員，而在黑人社區提供窮人小孩免費早餐、給予社區民眾政治教育，希望一點一滴地改變人民想法，以賦予弱勢者力量（empowerment）。

地下氣象人並不是沒有學到教訓。在他們化暗爲明後，他們也開始了解到草根組織的重要。

反叛的凝視
The Rebellious Gaze

他們繼續爲了理想主義而向前奔跑。

當年宣讀地下氣象人戰爭宣言，並名列FBI十大要犯的Bernar-dine Dohrn，現在是美國名校西北大學法學院教授，並主持「兒童與正義中心」，關心性別、教育與家庭的改革。她和她先生、也是另一位氣象人成員Bill Ayers，仍然積極參與當地各種社會運動。回首當年，Dohrn認爲當時應該讓婦女運動和反戰運動之間建立更強大的連結；Ayers也強調應該他們更擴大結盟，而不是每次在運動方向轉彎時就出現大分裂。

另外一個充滿戲劇性人生的成員是Kathy Boudin。1970年氣象人意外自爆紐約格林威治村的房子後，她險而逃生，並在地下氣象人紛紛自首後繼續參加另一個暴力革命組織。在1981年她參與一場搶劫案，造成包括警察在內的三人死亡而入獄。

十二年的地下逃亡生涯，使她在那段期間只相信一些偉大的革命理念，但卻和一般人的日常生活脫節。因此入獄之後，她要從抽象的理念中回到最根本的行動：幫助身旁的獄友。她創立愛滋病諮詢計畫，教獄友識字、念書，提倡並改革獄中的教育制度。她甚至從事關於愛滋、教育和性別的學術寫作，並在哈佛教育期刊上發表論文。

而她入獄時只有四個月大的兒子，被託付給另外兩個氣象人Dohrn和Ayers扶養，現在是耶魯大學學生，不僅拿到非常榮譽的羅德獎學金，也成爲新一代的激進社運工作者。

他們一起繼續在陽光下奔跑，而竟然跑到了我身邊。

Part 1｜歷史如何啓發現實
How Has History Inspired the Current Struggle?

43

2003年，Boudin獲得假釋，並得到紐約哥倫比亞大學旁一家醫院的工作，負責協助防制愛滋，發揮她過去二十年來的專長。

　　跑過了黎明，跑過了黑夜。從那個告別青春的夜晚到帶著幾許白髮重回社會，或許他們奔跑的腳步變慢了，方向作了些許修正，但是他們的信念卻是一樣堅毅，改變世界的夢想也未曾改變。

反叛的凝視
The Rebellious Gaze

2

修倫港宣言
Port Huron Statement

　　1962年，二十二歲的他寫下了一篇宣言。這篇宣言塑造了一個世代對那個激烈變動時代的想像，提出了一個參與式民主的理論雛型，並開展了新左派的政治行動綱領。

　　1962年6月，為了討論當時最重要學運組織「民主社會學生聯盟」的前景，幾十名代表來到修倫港小鎮，並交付這個年輕人起草一份屬於他們行動綱領的宣言。

　　這份宣言叫做「修倫港宣言（Port Huron Statement）：一個世代的議程」。

　　這個年輕人是湯姆・海頓（Tom Hayden），六〇年代學生運動中最重要的領袖。他是SDS的創始人一，並且在南方參與黑人民權運動。當越戰開始灼傷每個年輕的生命後，他比誰都積極投入反戰運

Part 1 | 歷史如何啓發現實
How Has History Inspired the Current Struggle?

45

2005年，湯姆・海頓在紐約Strand書店舉辦《修倫港宣言》重新發行的座談會。

動，並在1965年的戰爭初期就去了北越的河內。1968年，他和同伴們在芝加哥的民主黨總統提名大會外，和他們痛罵為「法西斯主義豬」的警察激烈對幹，而後遭到審判，被稱為芝加哥七君子（Chicago Seven）。

　　無疑的，修倫港宣言是六○年代最重要的一份文件；或者，世界學生運動史上最著名的一份宣言。

　　宣言的第一句話就是：我們是屬於這個世代的年輕人，我們是在舒適中成長，但是我們卻不安地凝視著這個環繞我們的世界。

　　是什麼讓他們如此不安呢？

　　外在是冷戰結構加上核武威脅讓他們感受到生命的脆弱與戰爭的醜惡，內在是五○年代以來南方的黑人民權運動，血淋淋地揭發了美國作為一個「生而平等」國家的虛偽。他們不得不行動。

　　縱然有人說五○年代的美國已經是個一切美好的、意識形態終結的時代，但是他們拒絕認為這個時代沒有其他的可能性，拒絕相信年輕人是無力改變社會的。

　　這份宣言更重要之處在於他們提出了全新的概念：參與式民主。個人應該要能參與決定他的生活方式的各種制度，所以民主不能只是政治場域中的選舉，而必須落實在社區、工作和學校場域。這是對右派的意識終結論的反彈──這個理論主張現在已經沒有什麼重大的意識形態爭論，應該是讓專家和技術官僚來作決定，也是對傳統左翼的挑戰──老左派只把重點放在經濟領域的民主，只把改革行動者放在勞工。所以他們自稱是新左派。

Part 1｜歷史如何啓發現實
How Has History Inspired the Current Struggle?

47

這份宣言啓發了無數美國青年投入對戰爭、種族壓迫、社會貧窮和官僚政治的抗爭。

曾懷抱著理想主義與革命熱血的青年們，誰不知道「修倫港宣言」呢？

在台灣，一代代憤怒青年也認眞地讀著這份英文的宣言，並思索著如何寫出這一代台灣青年的修倫港宣言——能夠分析島嶼的壓迫與冷漠，能夠提出一套具體的行動綱領。

2006年春天，這份修倫港宣言重新印行出版，當年二十二歲、現在已經一頭白髮但看來依然精神奕奕的湯姆‧海頓在紐約最大的一家二手書店舉辦了發表會。

海頓從來沒有停留在六○年代的光榮與憤怒。過去四十年來他始終是活躍的運動分子。從八○年代開始，他擔任加州州議員十多年，並積極參與各種社會運動，最近幾年更把關注焦點放在拉丁美洲的發展，可以說是很少數至今仍在美國左翼界活躍的六○年代學運領袖。

他相信，六○年代的精神從未死去。

但這場發表會不是向六○年代的鄉愁致哀，而是一個關於當前社會實踐可能性的討論會：伊拉克戰爭、2008年美國總統選舉，委內瑞拉和玻利維亞的左翼政治路線，政治與社運的關係，以及學生運動在當下的實踐。

我已經在紐約參加過許多次這種左派討論會，然而我只能在熱情中帶著疏離：熱情是因爲這些抗爭與社會改造是一種普遍關懷；但這

裡畢竟不是我的土地，也沒有我們的歷史。所以，重要的是如何把國外的實踐經驗和台灣連結起來。

於是，最後當我仍不能免俗地請海頓幫我在書上簽名時，我請他寫下：「給一個台灣的進步分子（a Taiwanese progressive）」。

Part 1 | 歷史如何啓發現實
How Has History Inspired the Current Struggle?

49

3

尋找馬克思
In Search for Marx

　　我們在尋找馬克思（Karl Marx），在這個膜拜商品與消費的時代，在這個作爲資本主義神殿的城市中。

　　在曼哈頓被眾多喧囂華美的餐廳和精品店攻占的下城，一家叫做「革命」的書店兀自挺立者。左傾的書店在美國最開放的城市並不稀有，許多獨立的書店都有濃厚的左翼和批判氣味。但是這家書店之所以不同，在於她帶著一種屬於上個世紀的、因古老而顯得暗紅的左。走進書店，你可以看到馬恩列毛在旁列隊歡迎：列寧頑強的頭像，毛澤東的鮮紅海報，各種版本的馬恩作品，第三世界革命書籍，以及許許多多低成本粗糙印刷的共產主義刊物。

　　你不禁以爲這是六○年代那些毛派青年基於對蘇聯革命以及中國文化大革命的縹緲想像所開的書店；或者，將近一百年前托洛斯基在

紐約漂流時，可能就寄居在書店後面的小房間，不時探頭出來看看多少人拿了他自己油印的革命報紙。

朋友問起，現在讀馬克思還有什麼用？或者，還有人讀馬克思嗎？

我思索著，想起我和身旁另一友人H的長久友誼就是從馬克思的世界開始。在那個十多年前的青春時期，我們一起認真但懵懂地逐字閱讀馬克思，在剝削、異化、剩餘價值等抽象的概念迷宮中打轉──而那原本充滿科學邏輯哲學思辯社會分析的深奧文字，在陌生的簡體字和大陸語法的呈現下更顯得魔幻難解。我們宛如解讀古老經文般小心翼翼地試圖在迷宮中尋找人類解放的出路，以及改革台灣社會的指南。

我們不一定能完全記得那撼動人類歷史的《共產黨宣言》內容，但我們永遠可以準確地背誦它的開頭「一個幽靈，一個共產主義的幽靈，在歐洲大陸遊蕩」，與最著名的結尾：「全世界無產階級聯合起來」。

我們是幸運的，毋須如上幾個世代的熱血青年，因為閱讀馬克思或者「馬克」吐溫，而被獨裁政權剝奪去青春甚或生命；也不用像這些熱血青年之中的許多人，如同六〇年代的歐美左派般，因為時代的隔離與封閉，而誤以為彼時的紅色中國是共產主義理想的實踐。

當然，如今我們鮮少再翻起家中已經泛黃的簡體字馬克思讀本，但是正如它曾經啟發當代無數人文社會科學或人文研究，馬克思主義現在仍然提供一個最根本的分析視野和價值規範：對資本主義生產和

Part 1｜歷史如何啟發現實
How Has History Inspired the Current Struggle?

51

位於曼哈頓東19街的革命書店。
在這個極高度發達資本主義的城市中，這家書店堅持地默默佇立下去。

分配邏輯的分析、或者對不正義勞動體制的批判等等,尤其是在現在這個資本完全不受管制的全球化時代。

當然,許多正統馬克思主義作品現在已不能成為有效的批判武器,如今我們需要的是更多細緻的經驗分析和根植於現實的批判想像,而不是從馬列的頭像中祈求看到人類的光明未來。

有人說,有批判精神的年輕人必須走過那段和馬克思搏鬥的道路。但對我來說,閱讀馬克思不只是成長過程中的浪漫,然後在融入現實社會後就將之揚棄。我相信,在老馬結合熱情與冷靜的鏗鏘文字中,你永遠可以學到戰鬥的力量。這也是這家書店在這個極高度發達資本主義的城市中,默默佇立下去的最重要價值吧。

曾經,當少年時期我們立志以知識為志業時,我們以馬克思的這句話為座右銘,而至今我們依然堅信如此:「哲學家只是用不同的方式解釋世界,而問題在於如何改變世界。」

Part 1 | 歷史如何啟發現實
How Has History Inspired the Current Struggle?

53

4

革命在路上
Revolution on the Road

> 真正的旅行是那些為出門而出門的人……但他們絕不會偏離自己
> 的目的地。不知為何,他們總是會說,上路吧。

　　這似乎是一部典型爲革命英雄所打造的劇本:一個還是二十三歲
的醫學院學生,騎著一台破爛摩托車去探索拉丁美洲的廣遼大地,行
過風雨冰雪並目睹土地上的苦難。出發前,他們以爲這趟旅途的重要
性在於,嚴酷的試煉與不同的生命體驗將構成他們的成年禮;然而,
八個月的旅程,不僅徹底改變他們的人生方向,也改變了世界的反叛
向度。這趟旅程孕育了二十世紀最具魔力的革命偶像:世人暱稱爲
「切」(Che)的格瓦拉(Ernesto Guevara)。

　　被法國哲學家沙特稱爲「當代最偉大的英雄」的格瓦拉,出生於

阿根廷的富有家庭。而後他在墨西哥遇到卡斯楚，並一起創造了古巴的社會主義革命。

但革命者並非生來就知道自己的天職。在他投身革命之前的學生時代，1952年，格瓦拉和他的同伴決定從阿根廷的布宜諾斯艾利斯出發，以摩托車進行一趟拉丁美洲大地之旅。在旅途上，他們有著年輕人對邂逅女孩的春夢，以及面臨窮困時的騙吃騙喝；但是，他們也遇到飽受迫害而流浪尋找工作的共產主義者夫婦，看到了礦工場對勞工的剝削，在印加文化遺跡前反思文明的興衰，且在亞馬遜河畔的痲瘋病治療區看到一條河如何分隔著兩個世界：一邊是醫生、另一邊是貧苦的病人。志願在這裡醫療服務數週的的格瓦拉，在他生日的那一夜，當醫生們在河的這岸飲酒狂歡時，他決定夜游過亞馬遜河到彼岸，試圖穿越這世界的一切不公平藩籬……

這段旅程的隨身筆記，《革命前夕的摩托車日記》，終於在半個世紀後的九〇年代中期出版，成為一部彷彿馬克思《資本論》加上凱魯亞克（Jack Kerouac）反文化經典《在路上》（*On the Road*）的迷人故事，並在2004年由巴西著名導演塞立斯（Walter Salles）將這段故事影像化。在這趟旅程之後，格瓦拉寫道，「寫下這些日記的人，在重新踏上阿根廷土地時就已經死去。我已經不再是我。」

於是，我們得以重新巡禮當年格瓦拉和他的夥伴走過的足跡，認識一個青年如何在發現他所熱愛的土地的同時發現了自我，並回溯一顆畢生獻身於對抗壓迫的心靈的形成。是的，他對於改變世界的獻身，不是來自於閱讀馬列經典，而是來自與土地上人民的真實接觸。

Part 1｜歷史如何啟發現實
How Has History Inspired the Current Struggle?

55

位於哈瓦那的一座格瓦拉紀念館。這座紀念館原來是格瓦拉在古巴革命成功後的辦公室。
這裡現在收藏了他在山上打游擊的許多物品，如手術刀和收音機等。

「一個眞實的革命者是被偉大的愛所指引」，他如此宣誓著。

而格瓦拉總是喜歡旅行，喜歡在路上，並且沒有什麼可以阻擋他。在這趟「摩托車之旅」前，他有幾次「自行車之旅」，環繞阿根廷境內。且即使他有嚴重的哮喘病，他還是無所畏懼。二十二歲的他在筆記中寫著：

> 要了解一個民族，不能只憑藉參觀教堂、神廟、博物館或是什麼聖母顯靈地。這些只是表象的東西。在醫院裡的病人、監獄中的犯人，以及路上憂心忡忡的行人身上，才能體現出一個民族的真正靈魂。你應該去跟他們交朋友。

所以他無法停下移動的腳步，無法停下他對土地的好奇、對人民的愛，以及對革命的熱情。古巴革命後，擔任工業部長與中央銀行總裁的他，因為不習慣官僚體制且與卡斯楚日益不合，於是決定再度上路，前往非洲剛果和玻利維亞家繼續他的革命旅程。

1967年，他在玻利維亞山區被美國CIA逮捕，並於翌日立即處死。

但是眞的沒有什麼可以阻擋他上路。身體病痛不行，金錢和權力不行，即使是肉身的死亡也擋不住他。在他死亡之後，負載著他的靈魂的頭像繼續飄遊在世界各個反抗遊行的旗幟上，在每個理想青年家中的牆上，以及心靈上。

Part 1 ｜ 歷史如何啓發現實
How Has History Inspired the Current Struggle?

57

當代思想家蘇珊‧宋坦（Susan Sontag）曾說，格瓦拉是「當今世界上革命性戰鬥中最清晰的人類形象」。是的，這是「形象」的辯證。他在1960年拍攝的頭像照片，無疑是二十世紀最著名的人像照片。即使在冷戰結束後，這張相片也未隨著共產主義的消失而隱沒在人們的記憶中，雖然成爲一種更奇異的巨大扭曲：格瓦拉的頭像開始被掛在各種商業產品上：T恤、啤酒、明信片、Swatch手錶，成爲另一個行銷的logo。這是資本主義徹底吞噬共產主義的激進精神，還是革命火花陰謀滲透了資本主義，而讓無數年輕人在尋求「酷」的消費過程中，在那些商品中接收到了革命訊息？

　　無論如何，當格瓦拉的頭像已經被徹底商業化，這部關於青年格瓦拉的電影，雖然沒有那個世人熟悉的頭像，雖然沒有他的偉大革命事蹟，卻可能更能召喚新一代的青年去理解他的熱情與信念，並且鼓勵他們上路，去認識他們自身的土地與人民。

反叛的凝視
The Rebellious Gaze

5

反叛的凝視
The Rebellious Gaze

　　青年鮑伯・迪倫和瓊・拜雅正在華府林肯紀念堂中進行演出前的練習，輕唱著無聲的歌曲。無聲，是因為他們凝結在這張靜默的黑白照片中。那是1963年8月28日，馬丁路德・金恩博士正在外面講台發表他改變時代的演說：「我有一個夢」。就在幾分鐘後，這兩個年輕的抗議歌手，將在數十萬人面前演唱。他們會緊張嗎？他們是否知道這可能是他們有生以來人數最多，也最重要的歷史性演出？是否知道外面演講的那個偉大聲音將在幾年後被黑暗勢力吞噬，喪失他的生命。

　　來到紐約城後，我努力地如考古學家般勘查那些革命的火焰遺留在城市各個角落的殘餘灰燼，或者用想像力的放大鏡去考察那些凝視著各種反叛姿態的暗啞但鮮明的古老照片。

　　例如我手中這本攝影集，有著最讓我興奮的書名：《安那其、抗議

Part 1 ｜ 歷史如何啓發現實
How Has History Inspired the Current Struggle?

59

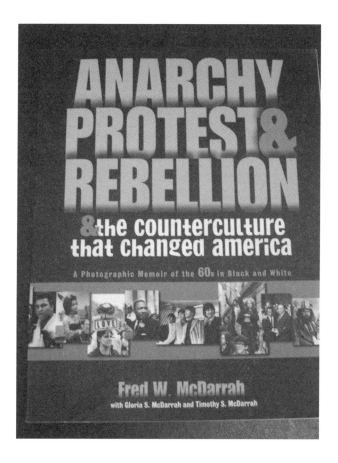

ANARCHY
PROTEST&
REBELLION
&the counterculture
that changed america

A Photographic Memoir of the 60s in Black and White

Fred W. McDarrah

with Gloria S. McDarrah and Timothy S. McDarrah

與反叛：與改變美國的反文化》（*Anarchy, Protest, and Rebellion: And the Counterculture That Changed America*）。攝影師是美國另翼週報《村聲》（*Village Voice*）在六〇年代唯一的攝影記者 Fred W. McDarrah，他自己也是從「敲打的一代」詩人到那些政治與藝術的安那其黨人成員。

任意翻開集子，這張黑白照是 1969 年 10 月尚未成為偉大導演的年輕伍迪・艾倫在曼哈頓的河邊教堂（Riverside Church）台上的反戰演說。詫異這個犬儒的老伯也有這樣激進行動主義的過去？想必他是用一貫急促的語調，在幽默中進行抗議。又或者他認真的表情只是另一次戲謔演出？

真正嚴肅的，是兩頁之後用言行替美國定義了何謂公共知識份子，且於 2004 年底過世的蘇珊・宋坦。在這裡，她正因為參加反徵兵行動而被警察逮捕。她 1967 年的臉上仍然掛著迷人而優雅的笑容，而讓身旁的武裝警察頓時後成為模糊的背景。

再過來的這張是演員達斯汀・霍夫曼在自宅門口一臉的倉皇失措，因為他在格林威治村美麗公寓的隔壁那戶剛發生一場莫名爆炸。這是六〇年代最最象徵性的一場政治爆炸：激進地下學運團體「氣象人」在自宅製造炸彈時不幸爆炸，達斯汀・霍夫曼落荒逃出。

還有還有，那個剛從越戰回來的文質彬彬、身材修長的年輕人正在群眾面前激昂地抨擊越戰的不義。三十年後，他再一次在群眾面前抨擊另一場戰爭，但此時是以美國民主黨總統候選人身分。他是約翰・凱瑞（John Kerry）。

Part 1 | 歷史如何啟發現實
How Has History Inspired the Current Struggle?

61

在左頁，不知名的年輕人手中拿著「校長辦公室」的牌子，而背後的學生正打著赤膊輕鬆地坐在窗台上，舉著「罷課」標語。那是紐約哥倫比亞大學的學生，他們正在1968年的學生革命中全面占領這所長春藤大學。

然後，不可思議的鏡頭出現了。1968年芝加哥的民主黨大會場外出現嚴重暴動，照片中是在街上對著著人民的坦克車和機關槍——這不是二十世紀最後一個十年前夕那個野蠻的政權，而是一個有兩百年傳統的民主國家啊。（當然，差別是前者瘋狂開槍了，而後者還沒。）

除了反抗者與安那其外，這裡也凝視了許多前衛藝術的發生現場。

還沒拍出《殘酷大街》（*Mean Street*）的馬丁·史柯西斯披著長髮在紐約哥倫布大道上扛著攝影機，準備開始用影像敘述這個城市一則則瘋狂與荒誕的寓言；演出電影《逍遙騎士》而成為六○年代反文化英雄的丹尼斯·霍普（Dennis Hopper），正在紐約棲息最多藝術和文學傳奇的雀爾喜飯店前遊蕩；剛成立她第一個工作室The House的前衛表演藝術家Meredith Monk橫躺在下一頁，在紐約大學赤裸著上身表演「嬉皮愛之舞」；然後是那個已經成為搖滾神話的東村表演場所Fillmore East，Janis Joplin、The Doors正輪番進行著他們死亡前對搖滾樂迷的神祕召喚⋯⋯

突然間，我手中的書倏地燃燒起來，我聽到了那些狂暴的吉他聲、那些憤怒的演講聲，群眾在我面前拉著布條高喊口號向前邁進⋯⋯

Part 2　文化如何改變政治
How Does Culture Change Politics?

6

尼爾・楊的與戰爭共存
Living with War by Neil Young

我們在草地上唱著歌練習抗議的姿勢。

草地上的上萬人平均年齡可能將近五十歲，舞台上已經唱了三小時的表演者，是六〇年代末的傳奇民謠搖滾團體：CSNY。

作為六〇年代之子，他們的音樂原本就是在悅耳的旋律中，結合反越戰和民權運動的政治意識。樂團中個人表現最耀眼的，當然是尼爾・楊（Neil Young）。他是當代搖滾史上不死的老靈魂，始終努力教導我們如何誠實地面對世界，如何不斷去探索藝術的邊界。他是搖滾樂所自我標舉的真誠態度的最後守護者。

尼爾・楊並不常寫政治性歌曲，最有名的抗議歌曲是1970年他和經典民謠樂團CSNY發表的〈Ohio〉。這首歌是關於美國七〇年代震驚全國的血腥事件：俄亥俄州肯特州立大學四名學生在抗議尼克森政

反叛的凝視
The Rebellious Gaze

64

府入侵柬埔寨的行動中，被軍方開槍殺死。

面對布希政府的邪惡，本來尼爾‧揚希望有年輕一代的音樂人可以承接六○年代的抗議火炬，但是他還是決定自己上場，在5月發行新專輯《與戰爭共存》（*Living with War*）。這被譽為是最好的一張反布希政權搖滾專輯。

布希政府這六年的保守主義，流行音樂的政治化，不論是抗議歌曲的出現，或者是音樂人的政治介入，都達到六○年代以來的高峰。

尤其是對於伊拉克戰爭的反對。三年過去了，海珊已死，伊拉克舉行選舉，但是伊拉克境內的血腥和衝突狀況日益嚴重。美軍在伊拉克土地上死亡人數已經超過兩千人，而伊拉克人民的死傷根本難以計算。在美國國內，這場戰爭的支持度越來越低，許多共和黨人士也都開始要求政府撤軍。

各種反戰的歌聲一波接一波。年輕樂隊如Green Day在2004年出版一張高度政治性的專輯《美國白癡》（*American Idiot*）痛罵布希政府，成為暢銷專輯；久未在政治上發出聲音的老將樂團如滾石樂隊，也在新專輯中批判美國新保守主義。九○年代最重要的搖滾樂隊珍珠果醬（Pearl Jam）的新單曲〈World Wide Suicide〉控訴布希總統漠視美國士兵的犧牲，也獲得另類音樂排行榜第一名。

尼爾‧楊稱他的新專輯為「金屬的抗議民謠」，因為音樂中燃燒的是抗議民謠的傳統──這個傳統是用三○年代左翼歌手伍迪‧蓋瑟瑞（Woody Guthrie）、彼得‧席格（Pete Seeger）以來，以音樂來記錄和反抗世界上正在發生的不正義。

六〇年代經典民謠搖滾團體CSNY重新聚首，
在2006年舉辦「言論自由演唱會」（Freedom of Speech Tour），背後銀幕高掛著和平標誌。

而「金屬的」,是因爲雖然尼爾‧楊前幾張專輯都是民謠曲風,但在這裡他加大了吉他噪音,以用更強的分貝表達他的巨大憤怒。整張專輯從寫作到錄製完成不到一個月,以展現搖滾樂最生猛的原始能量。

　　《與戰爭共存》中的歌詞瀰漫著濃烈的憤怒與悲傷:憤怒的是對於布希政權的腐敗與謊言的犀利批判,讓他直言無諱的吶喊:「讓我們彈劾總統」——這是專輯中最引人矚目的一首歌。悲傷的是年輕士兵在戰場上的無謂犧牲,因此他低聲唱著:「我每天都在心中和戰爭共存/在電視螢幕上,我們不斷地屠殺/當夜幕降臨時,我祈禱和平能早日到來」。

　　專輯發行後,他的老戰友決定和他一起站出來,一起在這個最壞的時代用音樂來武裝人們的意志,爭取批判的權利,因此他們重新聚首舉辦了這個巡迴演唱:「言論自由演唱會」(Freedom of Speech tour)。

　　2006年夏天,我在紐澤西參與這場演唱盛會。演唱會的第一段就是以尼爾‧楊的新專輯爲主,舞台背後是碩大的反戰標誌和美國國旗替換著。第二段則是以CSNY經典老歌爲主,比較抒情而不政治。

　　眞正讓人激動的是節目的第三段。他們演唱了CSNY七○年代著名的反戰三部曲〈For What It's Worth For〉、〈Chicago〉、〈Ohio〉,播放吉米‧漢崔克斯(Jimi Hendrix)的著名反戰歌曲——那是1969年他在烏史塔克(Woodstock)演唱會上用吉他暴烈演奏的

美國國歌。在演出新歌〈尋找自由的代價〉時，舞台螢幕浮現了從2003年至今兩千多個戰死沙場的美國士兵臉孔；而演唱激昂的〈讓我們彈劾總統〉時，更在螢幕上打出歌詞，讓所有歌迷跟著一起唱：

> 讓我們彈劾總統，因為他不斷說謊誤導我們進入戰爭，濫用我們賦予他的權力，並且把我們的錢都浪擲在國外⋯⋯
> 讓我們彈劾總統，因為他監視公民的私人生活，不惜破壞任何法律，來竊取我們電話和電腦中的資訊⋯⋯
> 讓我們彈劾總統，因為他綁架了宗教並利用他們選上總統，他強化了美國的種族分歧，並且忽視黑人⋯⋯

1969年，CSNY在烏史塔克演唱會上用彼時仍然年輕的歌聲吟唱著愛與和平，今天他們帶領著同樣白髮蒼蒼的聽眾以及他們的小孩，重溫當年的理想主義，只是凝視的對象從越南換成伊拉克。因此草地上飄動的不是莫名的鄉愁——當大家拍掉屁股上的草屑離開演唱會之後，他們還是會用行動和選票，繼續抗議。

反叛的凝視
The Rebellious Gaze

7

劇場｜Theater

東尼・庫許納的劇場政治
Tony Kushner's Theatrical Politics

2004年初秋，當我在曼哈頓中城的一家獨立書店看到這個溫文儒雅表情羞赧而穿著樸素的捲髮男子出現在面前時，很難相信他就是上週才在電視上出現的那個在眾星雲集的艾美獎頒獎典禮中最閃耀的明星。閃耀，是因為他所撰寫的普立茲得獎劇本《美國天使》（*Angel in America*）被HBO拍成的影集獲得了十一個獎項。

他是美國當代最重量級的劇作家東尼・庫許納（Tony Kushner），也是當代美國最政治化的劇作家。公開同志身分的他不僅是同志運動的重要代言人，更自稱為一個社會主義者──他認為在美國承認是社會主義者比承認自己是同志更難。而社會主義的意義，對他來說，是要檢視金錢在人性、倫理和政治上的意涵。

在這個美國劇場和公共生活逐漸疏離的時代中，庫許納承接了亞

庫許納在紐約曼哈頓一家獨立書店的演講。
他的演講充滿了誠摯、幽默與熱情。

瑟·米勒的火炬——他說他六歲時看到他媽媽演出米勒的《推銷員之死》時，他就暗自決定要做一個劇作家。他和米勒都試圖把劇場放置於更廣大的政治運動中，去沉思、質疑各種壓迫政治體系下人性本質，或人們面對時代的道德責任。對他來說，沒有政治的劇場是不可想像的。從八〇年代以來，他的每一齣劇碼都在處理時代的難題：阿富汗和西方的衝突，德國法西斯主義的本質和雷根主義的關係，美國的種族主義和民權運動——這是他最新的作品《卡洛琳或零錢》（*Caroline, or Change*）的主題。

真正讓他進入劇作家萬神廟的一齣戲是《美國天使——關於國家主題的同志狂想》。這部被譽為二十世紀十大劇作之一的戲劇，以八〇年代的美國為背景，探索同志與非同志如何在雷根的政治保守主義、愛滋病的惘惘威脅、種族與宗教的重重桎梏中掙扎。故事在寫實與想像，天堂與人間來回穿梭著，描繪出世紀末流動的哀愁和救贖。

藝術可以改變人們的想法和意識，然後讓人們起身去改變他們的生活、他們的社區、國家，和這個世界。而庫許納從莎士比亞到布萊希特身上得到的啟示是，觀看劇場可以讓觀眾採取一種不同的看待世界方式，從而改變他們的世界觀。因為劇場要求觀眾具有一種辯證的視野，要求他們能同時進入現實與幻象，要求他們同時深信與懷疑他們所看到的，因而最能培養一種批判意識，同時以熱情的心和冷靜的分析來面對世界。

但是，藝術不可能直接改變世界。只有政治與社會行動才行。所以他在最近出版了一本激發年輕人行動主義的書《拯救你的民主公民

靈魂》(*Save Your Democratic Citizen Soul!: Rants, Screeds and Other Public Utterances for Midnight in the Republic*)，呼籲年輕人要組織起來，要行動，否則就會喪失靈魂，一個民主公民的靈魂。不像那些傳統的區分，認爲靈魂的救贖是藝術的範疇，庫許納強調如果個人不去從事作爲公民的政治實踐，他的靈魂也會是殘缺的。每個人都是一個雖然有缺陷，但起碼是眞實的民主體制下的公民，所以如果不投入改變世界，世界就會走向滅亡。

他說，「我是這樣一種同志：我相信性解放和在聯邦層級建立一套保障民權的法案是不可分割的，和其他被壓迫者的解放鬥爭是不可分割的，和全球對於廢除殖民主義遺跡的鬥爭、對於軍事主義和帝國主義的鬥爭、去促進經濟和社會正義、在各種認同運動中爭取多元民主的各種鬥爭都是不可分割的。」

如今的庫許納已經不只是一個重要劇作家，更是美國當前最耀眼的公共知識分子之一。1995年，柯林頓希望他提出一些對於國情咨文的想法。他在八頁建言的結論寫到：你必須支持平權行動、對抗貧窮、支持教育、兒童照顧、就業創造計畫，和反歧視立法——包括對性取向的歧視。

那天在秋日午後的這家紐約小書店，慕名而來的擁擠人群所聽到的不只是這個紐約客的戲劇觀，或是剛得艾美獎的《美國天使》，而更是爲何要讓布希政府下台，爲何人們作爲公民必須關心、介入政治領域。

反叛的凝視
The Rebellious Gaze

雖然他承認追求政治行動與藝術創作間可能有一定的矛盾——因為人的精力畢竟有限；但當有些劇作家意欲在舞台上改變政治，有些人則試圖追求戲劇本身的突破時，庫許納卻同時進行了一場劇場與政治的革命。

8

電影 | Cinema

麥可・摩爾的工人電影
Michael Moore: A Working Class Hero

　　當電影導演麥克・摩爾（Michael Moore）在2003年奧斯卡頒獎典禮上的致詞中，高聲痛罵「可恥的布希」時，他從此化身為美國當前文化戰爭最鮮明的代表。電影《華氏911》以及此片在總統大選年的效應，不僅使得保守派以他作為箭靶，主流派的民主黨和媒體也有不少人把他極端反戰、反布希急先鋒的立場視為是導致民主黨總統大選的失敗。

　　但這其實是放大了麥克・摩爾的政治角色和創作本質，也讓他的面貌開始模糊。的確，現在的麥可・摩爾是超級暢銷作家，他的每一本書都是排行榜常勝軍；他的紀錄片電影更是叫好又叫座：不僅奪得奧斯卡最佳紀錄片、坎城影展金棕櫚，更是一部部接連創下美國紀錄片的票房紀錄。他是美國娛樂界的名人、政治界的明星、左翼的文化

反叛的凝視
The Rebellious Gaze

戰將。

但麥克‧摩爾畢竟不是喬姆斯基（Noam Chomsky）般的知識分子。他對戰爭和保守主義的批判不是建立在馬克思主義等抽象理念或先驗架構上，而是來自他的工人家庭的生命體驗，以及對美國工人階級的生活觀照，並以此來檢視美國資本主義社會中階級不平等的本質，以及底層勞工面對經濟轉型的生命處境──不論他電影的主題是槍枝暴力、城鄉變遷或者伊拉克戰爭。

所以，《華氏911》所呈現的不只是美國戰爭機器的荒謬和醜陋，更揭露出這些上戰場送死的美國大兵其實是出身自美國最貧窮、生活上最絕望的地區。在電影中，這個地方的代表就是他的出身地，密西根的小鎮福林特（Flint）。

這裡也是他1989年第一部紀錄片 *Roger and Me* 的故事地點。這部片記錄了通用汽車關閉了這個汽車城的工廠，外移到墨西哥，而造成整個城鎮的衰敗，以及失業工人的生活困境──原本有工會提供福利的工人在工廠倒閉後，只能去找不穩定的低薪工作如速食店。

1997年，他出版一本書討論美國企業的裁員風：*Downsize This!*，並把書的巡迴演講過程拍成另一部紀錄片 *The Big One* 片中不是他如何推銷書，而是他如何在各個城市見證被解雇的工人，以及他如何親身對抗大企業──這是他最著名的影片風格：他總是以弱勢者代言人的姿態，想盡辦法去接近大企業CEO或者重要的權力菁英，然後用衝撞式的姿態質問他們。在 *Roger and Me* 中，他嘗試說服通用總裁去福林特看看被解雇勞工的生活；在 *The Big One* 中，他則是要說

服耐吉球鞋的CEO，去關心他們印尼工廠的童工；在《科倫拜校園殺人事件》（*Bowling for Columbine*）中，他造訪槍枝協會主席的私人豪宅，並帶著在槍擊事件受傷的學生去大賣場要求他們禁止販賣槍枝；而在《華氏911》，他則在國會外質問議員們是否願意讓他們的孩子去當兵。

當然，每次結果都是不歡而散，但都讓觀眾見到資本家以及權力菁英的傲慢、偽善與無知。

從未受過正式電影訓練，甚至在*Roger and Me*前沒有在電影產業中工作過的摩爾，最大的特色是以高度娛樂性的電影語言來挖掘社會問題：他獨特的幽默感、深富想像力的剪接及配樂，甚至是導演與受訪者的直接衝突，都讓嚴肅的社會控訴可以接觸到更廣大的觀眾。他比任何一個美國左翼人士都更強有力的把美國的社會矛盾帶入一般人客廳中：勞工失業問題、都市衰敗、槍枝管制、戰爭的殘酷、種族問題、福利體制的殘缺。

麥克·摩爾的電影理念是：「對我們這些出身自工人階級的人來說，你永遠無法聽到我們的聲音，看見我們的藝術，因為我們通常不會拍電影，我們也不擁有媒體。所以我感到很榮幸可以在這樣一個不是為我們打造的娛樂工業中獲得重視。」

對麥可·摩爾而言，在這個高度娛樂化的時代，要讓更多人接受嚴肅的議題，似乎只能用娛樂的手段。當然，很多人也批評他早已躋身為富有階級，且似乎對於製造自己的名聲比參與社會運動更熱中，同時也把社會問題簡單化。

反叛的凝視
The Rebellious Gaze

但這似乎是社會運動要透過大眾文化的兩難：他們是採取邊緣抗抗爭的位置，還是進入主流體制影響更多人——但也面臨被體制收編的危險？

9

詩與反抗
Poetry and Resistance

　　在這個有限眞理的時代中，詩可以成爲反抗的武器嗎？

　　2004年8月初在紐約東村的一座古老建築物中，一群知名作家正在台上朗讀一篇篇美麗但鏗鏘的文字。包括當前炙手可熱的紐約作家保羅‧奧斯特（Paul Auster），麥可‧康寧漢（Michael Cunningham），早已躋身爲當代文學大師的狄里羅（Don DeLillo），皮諾契時代被迫流亡的智利劇作家Ariel Dorfman，紐約前衛音樂代言人Laurie Anderson，以及因《魔鬼詩篇》被迫逃亡的魯西迪（Salman Rushdie）等等。台下擁擠的觀眾激動地聆聽著。

　　這不是一般的文藝講座，而是美國作家筆會（PEN）組織的一系列爭取言論自由的運動。布希政府在911事件後以打擊恐怖主義之名，迅速通過一部「美國愛國法」（Patriot Act），這個法律允許聯邦

反叛的凝視
The Rebellious Gaze

機構向學校要求提供師生資料，授權調查單位得任意對疑犯的電子郵件、信用和醫療紀錄及電話通勤資料進行監視，及對恐怖分子疑犯的拘留狀況不對外提供任何訊息直到審判時等等。而美國筆會尤其針對法案的第215條：聯邦調查人員不需要向法院提出足夠證據，就可以逕行監視和索取一般民眾在圖書館和書店的購買和借閱紀錄，並且書店和圖書館不得告知民眾他們被監視。事實上，原本在美國很多地方圖書館，連孩童的閱讀資訊也受到保障：如果家長要詢問小孩借閱什麼書，圖書館也必須先取得小孩同意才能告知家長。所以對他們來說，這是對思想自由和隱私權保障的踐踏，因而引起書店、圖書館員，和全美各自由派團體的憤怒抨擊。

這群作家選擇集會的場所，庫伯學院（Cooper Union），正是一所磚塊上刻滿理想主義歷史痕跡的學校。它成立於十九世紀中，以提供工人階級免費教育為目的。林肯曾在此發表了一場呼籲解放黑奴的演講，撼動了當時那個白人絕對統治的美國，因此獲得共和黨提名競選總統。

今日作家們來到這裡，就是要提醒共和黨人他們也曾經帶領美國往前走。於是，以《紐約三部曲》聞名於世的奧斯特朗誦了亨利·梭羅的著名散文〈麻色諸塞州的奴隸〉，討論人的自由狀態；一向不介入政治的作家狄里羅說，「我不是要呼籲作家要一直參與政治，但是在關鍵的歷史時刻，我們必須挺身而出。」當然，沒有人比魯西迪更能感受到言論自由的可貴。他在台上緩緩說出，像他們這樣的流亡者來到美國，是因為這裡起碼有憲法第一修正案對自由的保障，但如今這

知名作家魯西迪在紐約的現場演講。

些自由精神卻逐漸崩解。我們雖然不能對恐怖主義的威脅掉以輕心，但是如何面對這場挑戰正是對人類文明的重大考驗。而他認為，布希政府並沒有通過這場考驗。

除了這群知名作家，另一群紐約在地的詩人，則組成了一個「紐約繆司反布希和錢尼陣線」，並在8月底的共和黨全國代表大會時，以詩句來表達他們對掌權者的深沉憤慨。這些詩的主題包括了各種當前燃燒中的議題：批判伊拉克戰爭、對布希政府對公民自由的侵犯，以及對富人的一再圖利等等。但是，他們也希望當街頭的瓦斯彈與激情吶喊激烈對峙時，他們的詩句可以在漫天烽火中成為最溫柔而堅毅的聲音。

這個城市早有以詩來反抗的傳統。從惠特曼（Walt Whitman）、奧登（W. H. Auden）到金斯堡（Allen Ginsberg），他們總是在探想一組詩句，一種節奏，可以搭建起真理的形貌。只是，面對體制的龐大不義，詩，或者讀詩，又能在這個極度扭曲的時代中產生什麼作用？

美國「黑人女性主義女同志」詩人洛得（Audre Lorde）說，詩不是一種奢侈，而是生存之必須。詩形成了一束光亮，讓我們可以照亮追求改變與生存的夢和希望；他先是語言，然後會成為理念，最後會成為具體的行動。

是的，站在沸騰的群眾中，我想，或許詩最能給予文字真實的重量，而這個重量足以讓我們不斷質問「關於公理和正義的問題」，讓我們一直堅持反抗下去。

10

紐約文化大革命
Cultural Revolution in New York

藝術不是反映現實的鏡子，而是一個捶擊現實的槌子。

——布萊希特

這是個反抗的季節，也是個藝術的季節。

小布希政府這四年的對外霸權、對內反動的極端政策，已經把美國帶向巨大的分裂。這不但刺激了風起雲湧的反抗運動，更提供了許多文化和藝術創作的素材，讓美學政治化，以及藝術介入政治的行動蔚然成風。

而這個潮流在2004年9月初的這一週，在紐約市，達到最高峰。

這本來就是最具有反抗傳統和文化的城市，而共和黨竟然在此召開提名布希競選總統的提名大會。可想而知，抗議人群會比他們黨代

反叛的凝視
The Rebellious Gaze

表還多——大會開始的前一天，街頭抗議遊行的群眾將近二十萬。而每一天開會期間，安那其主義者、女權主義、左翼的和一切對共和黨保守統治不滿的行動主義者，都在城市中心和政府展開街頭游擊巷戰。

而在城市的較邊緣地帶，在下東區、在雀爾喜、在布魯克林、在哈林區等地的紐約，則有藝術的游擊軍在攻城掠地。街頭就是他們巨大的劇場與畫布。而即使在已體制化的場所如林肯中心，也揮不去抗議的流彈。

數十個藝廊展出政治意味濃厚的畫作、裝置或數位藝術，紐約藝術重鎮惠特尼美術館也特別展出了從六○年代至今一系列檢視戰爭的畫作和影片。藝術電影院播放著反戰、反布希、反全球化的紀錄片。小pub裡，以自由、正義為名的演唱會每晚輪番發聲。在華爾街旁的公園中是鮮紅的碩大麥克風雕塑，讓每個人都可以大聲說出他的想法。在世貿遺址旁的大樓上，著名攝影師費里曼（Glen E. Friedman）在數排窗戶上排列出一組反戰與和平的訊息，提醒人們在感傷、恐懼與憤怒的同時，不要放棄對人道價值的信念。

在從曼哈頓往史坦登島的渡輪上，作家在朗讀荷馬的《奧迪賽》，而詩人們正在東村的聖馬克教堂吟讀著他們對真理的堅持。兩百個劇場組成了「劇場反對戰爭」聯盟，每日演出批判美國迫害人權的政治劇。重量級劇作家《美國天使》的作者東尼・庫許納特別獻出一齣尚未完成的新作 *Only We Who Guard the Mystery Shall be Unhappy*。演出的片段是美國第一夫人蘿拉・布希唸書給伊拉克孩童的亡魂聽。

2004年8月底在紐約召開的共和黨大會前夕,有一場盛大的群眾抗議遊行。

三個年輕人在抗爭現場演奏起了溫柔的爵士樂。

而信仰社會主義的庫許納曾說，民主，就像劇場一樣，需要不斷被拯救。

　　藝術家們組織了一個稱做「想像的藝術季──藝術、議題與理念」（Imagine Festival of Arts, Issues & Ideas）的活動。這個藝術季有超過一百二十場的各種表演、展出和座談，且在大會期間的每天都有一個主題：自由、社群、正義、民主、繁榮和未來。對這些藝術工作者來說，他們的信念是讓藝術深入這些議題，解構它們，然後向大眾呈現，並刺激他們用不一樣的角度真正去思考這些問題。

　　這不禁讓人想起畢卡索所說，「藝術不是用來裝飾公寓的；而是戰爭的武器。」

　　當然，政治化的美學絕不能只是政治口號的重複。能夠感動人們靈魂並能衝擊歷史的作品，必須達到美學上的高度，和議題反思的厚度。

　　雖然街頭激烈飄盪的布條和口號沒有阻絕保守勢力的大旗──布希獲得了04年總統大選，但每個角落的文字、音樂和油彩的氣味，確實一點一滴地為紐約塗抹上基進的色彩，而這群藝術與文化的反抗軍將持續搥擊著人們的靈魂與良心。

反叛的凝視
The Rebellious Gaze

11

在異議中尋找《異議》
The *Dissent* Among Dissents

　　在1950年代的美國，社會學家貝爾（Daniel Bell）宣稱意識形態已然終結於資本主義所帶來的美好與安定生活，但一群紐約知識分子卻不滿於政治和知識界在右翼的保守氛圍下逐漸安逸化，他們決定用各種異議戳破這個「順從的時代」（The Age of Conformity）[註] 的假面，提出各種左翼的、基進的社會想像。一份到2004年滿五十歲的左翼知識季刊《異議》（*Dissent*）於焉誕生。

　　從二十世紀初開始，紐約就是美國基進主義的中心；初生的社會主義運動和格林威治村的波希米亞氛圍在這裡醞釀出反體制的革命氛圍──也難怪俄國的流亡革命者托洛斯基在東村落腳。三〇年代以後，所謂的「紐約知識社群」（New York Intellectual）逐漸成形，而其核心分子之一就是《異議》的創辦人、二十世紀後半美國最重要的

反叛的凝視
The Rebellious Gaze

社會和文學評論家之一的侯爾（Irving Howe）。在紐約百花齊放的各種意識形態中，侯爾始終堅持的是民主社會主義：他不認為社會主義的理想與實踐可能已經消亡，但也反對史達林式的極權共產主義。簡言之，他們拒絕把社會主義的詮釋權讓渡給以左翼之名行極權之實的史達林，和只會恐懼和污名化社會主義的右派。

《異議》雜誌戴上社會主義的左眼，挖掘資本主義中的社會矛盾與不人性，並反省人類在這個時代的道德困境。他們思考、辯論民主的本質與限制、冷戰的影響和美國外交政策、大眾文化與反文化、全球化的原因與後果、福利國家的未來、認同政治的興起，美國的勞工、種族與性別矛盾，乃至世界的政經發展。五十年來，《異議》不一定對這些問題都提出完美的答案，但是他們不斷勇於去質問與爭辯，去刺激人們思索理念，生產論述與提供願景。

在風格上，相對於其他美國左翼刊物如《國家》（The Nation）、《在這些時代》（In These Times）等，《異議》的理論氣息更濃厚，文章也更長，以試圖提出更細緻與完整的思考與論證。但是他們也不像英國《新左評論》（New Left Review）以學術論文為主。在過去，法蘭克福學派旗手馬庫色、政治思想大師漢娜·鄂蘭、社會學宗師密爾斯都曾在此為文，當今美國各界學院內外的重要左翼知識分子，也都輪番上陣，在這裡進行政治價值的思索、公共政策的辯論以及改革策略的檢討。目前的主編是美國過去二、三十年最有影響力的政治哲學家——瓦爾澤（Michael Walzer）。

相對於左右的知識界刊物，《異議》都更能挑戰意識形態教條。

Part 2 | 文化如何改變政治
How Does Culture Change Politics?

他們反對認為世界是單面向的觀點，可以靠簡單的答案解決所有問題。一個嚴肅的知識分子和行動者必須去追問艱難和根本的問題。他們尤其勇於反省左翼自己的世界觀與策略。當年他們反對史達林主義，五○年代以後《異議》也反對許多左派易於把世界上一切問題都歸諸於美國帝國主義。

這個態度使得他們與六○年代新興起的年輕新左派劇烈衝突。侯爾批判部分新左派過份強調激進「風格」（style），敵視自由主義傳統，盲目的反美，以及浪漫化第三世界的威權社會主義：不論是胡志明、卡斯楚或毛澤東。

同樣的，在美國先後發動和伊拉克戰爭後，《異議》也提出了不同於一般左翼的立場。他們刊登伊拉克異議分子支持美國以武力推翻海珊的文章，而瓦爾澤自己更是反覆論證關於戰爭的道德基礎：面對一個國家在進行種族滅絕或屠殺人民時，外國或美國是不是應該人道介入？有什麼正當的方法可以推翻海珊這個獨裁者？他們的這些立場都引起許多傳統左翼的攻訐。

基進主義刊物彷彿是偷情，開始容易維持難。發行量大約一萬份的《異議》扛著人道社會主義的火炬，辛苦但光榮地泅泳過五十年。但真正的結構性困境，是以往的美國左翼有具體戰鬥目標，右派則是空洞的，但現在卻是右派有保守但清楚的政治議程，但左派卻還在尋找中。《異議》的內在限制則是相對於其他左翼刊物宛如號角般的戰鬥性，他們卻堅持思考世界的複雜性，且容忍刊物中存在著各種「異議」。

反叛的凝視
The Rebellious Gaze

這是不容易的。多少革命陣營到最後都走向壓制內部不同意見，不容許對權威的挑戰。於是，能夠在向主流體制提出異議之時，也還有對異議者提出異議的空間，不是最可貴的嗎？

註　　這是Irving Howe在五○年代的一篇經典文章標題。

12

《國家》的抗議論述
The Nation as a Place of Protest

　　你知道，美國當前最古老的一份週刊是什麼性質嗎？不是商業雜誌，不是流行文化，而是一份左派雜誌。

　　這份週刊，《國家》（*The Nation*），是在1865年由一群主張廢除黑奴運動的人士創辦的。一百多年來，他們幾乎一直處於虧本的狀態，並歷經數任發行人，但還是活下來了。現在，他們的發行量約為二十萬本──過去六年的布希執政讓他們成長七成。

　　《國家》不僅活到現在，而且成為美國最著名的左翼週刊。這份刊物只有薄薄的幾十頁，物理重量很輕，但思想重量卻很龐大。對《國家》雜誌來說，他們永遠把理念放在商業前面。在這個輕盈的時代，這樣的雜誌為何能生存如此之久呢？

　　2005年6月，在紐約曼哈頓的一家書店中，我聽著台上《國家》

雜誌的發行人，哥倫比亞大學新聞學教授Victor Navasky解釋這個問題。

從1978年進入《國家》做編輯，後來成為發行人的他說，《國家》不是一份新聞雜誌，更不是一份追求「客觀」中立的雜誌，而是一份關於理念的刊物，一份「意見的刊物」（journal of opinion）。這種刊物需要的是理性的論證與公共的辯論，是去解釋事件背後的意義。

這些雜誌因而是公共領域的喉舌。德國思想家哈伯瑪斯認為公共領域是一個公民可以集體審議公共議題的場域，意見在其中可以自由流動，人們是憑藉理性的論辯來溝通。而雜誌正是他所謂歐洲資產階級公共領域興起的核心支柱。

問題是，在這樣一個媒體八卦化、空洞化、財團化和商業化的時代，這些意見刊物的角色是什麼？這個時代還需要他們嗎？哈伯瑪斯曾經回答Navasky說，「是的，因為他們可以建構一套理性論辯的標準」。

另一個讓他們可以生存一百五十年的理由，是因為他們始終秉持抗議的精神。英國馬克思主義史學家湯普森（E.P. Thompson）對於英國的反核運動曾有這樣的期待：「我們必須抗議才能生存下去。抗議是市民自我防衛的唯一現實形式。」湯普森指的是他們必須產生一個對抗體制的邏輯，然後去贏得多數人的支持，最後給予統治者壓力去改變他們的政策。而《國家》雜誌的天職則是抗議所有的不正義、抗議對世界自然資源的破壞、抗議權力的濫用、抗議各種歧視與偏見。正是這樣的不妥協，使得《國家》能獲得這個社會的信任，成為

《國家》雜誌發行人、哥倫比亞大學新聞學教授Victor Navasky
在紐約書店演講,如何建立一個抗議的公共論述。

美國的良知。因此每當他們岌岌可危時，讀者就會願意捐獻更多金錢，幫助他們度過難關。

更重要的是，雖然看起來這個湯普森式的抗議傳統和哈伯瑪斯主張的智識辯論，似乎角色互斥，但Navasky認爲這並非二擇一的選擇。

因爲「一個像《國家》這樣的雜誌可以啓發人們、可以動員、可以組織，但他最終不是一個運動。因爲意見刊物有責任去面對不利於他們主張的事實，而非忽略他們，然後必須去說服他人——透過更好的論證。」，因此意見刊物的原則與公共領域所要求的是一致的。

當然，傳統媒體所面對的新挑戰是網路媒體或是部落格，因爲後者具有更大的即時性、互動性和草根性——任何人都可以是評論家。然而，Navarsky仍相信，傳統平面媒體的生產過程具有更嚴格的檢證過程，而且像《國家》這樣的刊物一向自豪於他們有最好的作者，因此比網路媒介具有更高的正當性與權威性，更能「建構一套理性論辯的標準」。

但我想，這樣的談法似乎低估了傳統媒體內部過程的種種問題。各種意見刊物不但大多數只是一元的主張，不同立場的刊物之間也很少有眞正的公共論辯，而這些理性論辯的標準未必不能在網路媒體出現。

到今日，《國家》也開始運用網路力量，包括在網站上設立作者部落格。相對於一般認爲網路文章特性是輕薄短小，他們希望部落格的文章可以深思熟慮，可以有調查報導，甚至比雜誌上文章更長。

相對於一般認爲網路文章特性是輕薄短小，他們希望部落格的文章可以深思熟慮，可以有調查報導，甚至比雜誌上文章更長。

　　但這些介面終究只是承載思想的形式。眞正讓國家可以在這個黑暗時代堅持下去的力量，是他們永不妥協的抗議火光。

反叛的凝視
The Rebellious Gaze

13

公共知識分子的實踐：蓋布列斯的政治經濟學
A Model of Public Intellectual: Galbraith's Political Economy

　　五十多年前，美國經濟學家蓋布列斯（John Kenneth Galbraith）在幫民主黨總統候選人史帝文生競選時指出，三〇年代新政自由主義的政治想像已經逐漸耗竭，但民主黨二十年來都提不出改革的替代方案，現在也看不出任何新的理念，所以他們要爲此而戰。

　　他和他的候選人沒有贏得那場政治選舉。但是，接下來的二、三十年，透過政治參與和著書論述，他用他的理念爲民主黨提出一個新的政治視野——他是甘乃迪總統的顧問，且協助詹森總統提出「大社會」政策，因而帶領民主黨往美國式的社會民主邁進一步。蓋布列斯的履歷表不只是政治顧問，在二次大戰時他擔任美國物價管理局主持物價管制工作，在甘乃迪時期擔任駐印度大使；但他的生涯還是以學院爲主，擔任哈佛經濟系教授和多份媒體的經濟專欄作家。

他更大的貢獻在於改變好幾代人們對當代資本主義本質的認識——他不斷地憑藉犀利的筆鋒把學院知識大眾化，在一般媒體寫文章，並出版了數本在許多國家的大眾書市都很暢銷的著作，如《富裕社會》、《不確定的年代》、《自滿年代》等。柏克萊大學經濟學者狄榮（Brad Delong）說，世上如果有正義的話，蓋布列斯絕對是二十世紀最有影響力的美國經濟學者。

2006年春天，這個偉大的經濟學者過世了。雖然如今越來越少人讀蓋布列斯，但是他卻為世界留下了兩大遺產，而沒有一個時刻比現在的美國更迫切需要這些遺產。

第一，是蓋布列斯對當代資本主義的診斷。他始終在探索什麼是不同經濟體系的主導力量和制度，這些力量與制度如何互動，以及要如何改善這些力量？對他來說，不受節制的市場經濟不可能帶來公共利益。他嚴厲批判大企業對於社會和市場的過度控制，強調私人財富的過度累積會犧牲公共利益，深信國家必須在市場中扮演積極角色，也呼籲環境與資源保護和完整社會福利的重要。

例如在《經濟學與公共目的》一書中，他說：「公眾和公司的目的是不同的。公眾必須依賴國家伸張公共利益，然而國家卻牢固地在公司權力的控制之下。」

第二，蓋布列斯證明了知識與理念如何可以改變社會。他的信念就是知識應該用於改善社會，但是他對數學和模型主導經濟學思維深感不安，認為這是讓經濟學離現實世界越來越遠；他尤其認為經濟學家忽視了對於權力的剖析，以致於不能掌握複雜的社會關係。然而這

反叛的凝視
The Rebellious Gaze

樣一個異端仍然受到經濟學界的肯定：他在1972年擔任美國經濟學會會長，並曾被選為當代最重要十二位經濟學家。

更重要的是，從五○年代開始，他就決定與其終身致力於那些可能贏得尊敬但無人閱讀的專業研究，不如與廣大公眾對話。一個可以被轉化為有效的、進步的政治方案，是要影響一般公民對當代世界的理解，而不只是滿足極少數人的抽象理論。

進入八○年代，蓋布列斯的影響力逐漸消失。因為雷根的保守主義成為新的時代精神，民主黨也開始放棄大政府的角色，使得蓋布列斯的社會民主論述變成不合時宜，他強調理念和與大眾對話的論述方式更在經濟學中徹底被邊緣化。

但是，2000年之後的美國，卻是最需要讀蓋布列斯的時刻。一方面是金權政治前所未有的熾烈，大企業赤裸裸地主宰了從白宮到國會，從共和黨到民主黨的政客。另方面，美國的民主黨始終提不出一套進步理念和方案，自由派知識界也無法如保守派般為政治行動提供有用的思想武器。

台灣的這兩個病徵似乎不遑多讓。金權政治從國民黨到民進黨轉化成不同形式：國民黨是黨國體制對民間的掠奪與支配，民進黨則是面臨被財團宰割。蓋布列斯五十年前對民主黨的批判，讓人覺得彷彿是批評我們的執政黨——當舊的進步論述耗竭後，卻無法提出新的改革想像。他的這句話聽起來不啻是暮鼓晨鐘：「在政治場域中，有些時候你必須堅持那些即使會輸掉一時，但是是正確的立場」。

但問題是，台灣似乎沒有出現蓋布列斯的契機。政治人物不重視

論述與價值，媒體和公共領域缺乏理念的辯論，規範日益狹隘的學術界也似乎難以容得下讓知識公共化的知識生產方式。

　　蓋布列斯為這個世界留下了一個進步的公共知識分子典範，當前的美國人能在蓋布列斯的文字中重新找到新的進步力量，但台灣的環境有可能誕生一個，甚至更多個蓋布列斯嗎？

反叛的凝視
The Rebellious Gaze

Part 3

人民如何擁有力量
How Do People Have the Power?

14

兩個美國的戰爭
A Battle Between Two Americas

當今美國政治是喝不喝拿鐵的分裂？

是的，許多人認為當前美國正在發生一場激烈的「文化戰爭」。這個文化戰爭的一方──偏向民主黨的──是喝拿鐵的、吃壽司的、在身上打洞穿環的、看紐約時報的、喜歡大政府的人；簡言之，是比較都會中心的。另一方則是這一切的反面。

當然這是個粗糙的對比，是共和黨用來刻板化、甚至抹黑民主黨人的政治修辭。

這場文化戰爭始自六○年代的社會革命，至今對六○年代的詮釋權還是雙方爭辯的核心──自由派認為那是進步的年代，保守派則認為那是國家走向敗德和混亂的歷史時刻。七○年代，南方民主黨人因為在社會價值上保守的意識形態，開始出走到共和黨。雷根時代的新

反叛的凝視
The Rebellious Gaze

保守主義進一步利用墮胎、學校祈禱等宗教和道德議題來強化這一趨勢。到了九○年代，由於六○年代之子柯林頓對同志態度比較開放，年輕時吸食過大麻，再加上他的私人道德瑕疵，完全符合保守派對六○年代的想像。「文化戰爭」一詞正式進入美國政治辭典。

關鍵不只是雙方有差異，而是共和黨宣稱民主黨人那些比較自由開放的價值，是屬於「都會自由派菁英」的價值，而與一般大眾勞工階層的價值觀截然不同。而他們共和黨才是和普羅大眾站在一起。小布希及其身邊智囊正是操弄這種虛假民粹主義的高手。

姑且不論這樣的文化差異是否是刻板印象，民主黨與共和黨的確在墮胎權、宗教、同志權、死刑、槍枝管制等所謂價值的議題上都有明顯的歧異。甚至有人認為這些文化、道德和宗教的問題，已取代傳統的階級議題成為美國的主要政治分歧，宗教信仰和是否固定上教堂也比個人收入，更能決定一個人的政黨支持度。不然為何有這麼多藍領階級和華爾街鉅子一起支持拼命幫富人減稅的共和黨？

2000年大選，這場文化戰爭的戰場正式被固定下來。相對於以往總統當選人往往可以取得多數州的支持，這次大選美國地圖被兩黨壁壘分明地切割：共和黨是中西部、南方，和落磯山脈周圍的州，民主黨則是東西岸和五大湖邊的州。兩黨各拿下約49%的選票，兩個彼此對抗的美國開始浮現。

布希執政的頭四年進一步加強火力採取極端保守價值的政策，如意圖修憲禁止同志婚姻，大量補助保守派組織來動員群眾。因為他們相信2000年大選有幾百萬的保守派基督徒沒有出來投票，所以成為

2004年選舉動員的主要對象。2004年大選，兩黨的候選人更呈現鮮明的文化對比：保守南方的德州佬布希對上自由派大本營麻州的凱瑞。加上凱瑞是七○年代反越戰運動領袖，因此凱瑞極不願讓自己被貼上自由派的標籤，而不斷希望往中間靠。最後布希的勝利就被認為是建立在三G上：槍（gun）、上帝（God），和同志（gay）。

不過，也有政治學研究駁斥「文化戰爭」的迷思。他們認為選民們對於許多爭議性議題，如死刑或墮胎問題，雖然意見不同，但態度都是溫和的。真正有極端意識形態的是那些被基本教義派綁架的政黨，以及那些黨派性格強烈的媒體和節目上的談話名嘴。（這真是太令台灣人民熟悉了！）

如果文化上兩個美國之戰可能是虛構的，經濟上的兩個美國——富人的美國與中下階層的美國——卻是實實在在的。

從七○年代中期以來，美國經濟的長期趨勢就是日益嚴重的社會不平等。在調整過通貨膨脹後，當前的實質薪資水準比1973年還低，但高所得者的收入卻不斷增長。對中產階級來說，今日收入不穩定的狀況比起1975年嚴重許多；大部分人也都認為現在生活比二、三十年前更困難。

在小布希執政的這幾年，雖然經濟不錯，但實質薪資幾乎沒有成長，且貧窮情況更加惡化。在最新的統計數字中，2005年約有13%的人，亦即3700萬人生活在貧窮線以下，比2004年布希剛上任時多出一個百分點。這其中又有43%的人的所得連貧窮線的一半（對一個三

反叛的凝視
The Rebellious Gaze

口家庭來說，這指的是7800元美金）都不到──這是自1975年有紀錄以來最嚴重的。同時，收入前五分之一的家戶占美國總收入的50.4%，也是1967年以來最高的比例。另外，有16%的人沒有健康保險，而在2001年時這個數字是14.6%。

美國著名經濟學者、《紐約時報》專欄作家保羅‧克魯曼（Paul Krugman）更進一步發現，真正的財富贏家不是前20%的高技術或高教育者，而是1%的金字塔頂端。首先，過去五年來，大學畢業生的實質收入是降低的；再者，從1972年到2001年，收入第10%的人，所得只成長三成。但是第99%的人所得成長了87%，而第99.99%（亦即最富有的前0.01%）的人成長了將近500%。

造成不平等原因包括在全球化的衝擊下，美國工廠大量外移、以及工作大量外包；一本暢銷書《可拋棄的美國人》（The Disposable American: Layoffs and Their Consequences）就指出，從1984年以來，至少有三千萬工人被解雇。同時，美國企業也開始頌揚新的沃爾瑪模式──大企業卻提供員工低福利。

其實，面對這些新的全球化壓力，各國選擇不同制度來回應，而非只有一種可能性。但美國自八〇年代以來，卻選擇了保守的新自由主義，讓市場不受管制地發展，並弱化對勞工的保障。保羅‧克魯曼在另一篇文章中就說，過去三十年來政府的政策不斷減弱勞工集體談判的權力，是造成今日社會不平等的主因之一。

兩千年後的小布希政府更幾乎是「資產階級的行政委員會」──套用馬克斯的話。他和副總統錢尼放縱金權政治的橫行，用力替富人

減稅、並企圖私有化社會安全制度等。

兩個美國不只是富有的美國和貧窮的美國，更是有錢有權力和沒錢沒權力的兩個美國。文化戰爭在很大部分上是共和黨用文化和價值議題來讓一般勞工不去注意共和黨的政策是如何不利於弱勢階級。

在民主黨內部，自柯林頓以來的所謂新民主黨路線，是往中間靠攏，主張小政府和自由貿易。但另一方面，比較左翼的民主黨人則認為面對共和黨掀起的文化戰爭，民主黨應該更鮮明地主張「經濟民粹主義」，亦即強調工人和弱勢的權益，以讓南方勞工知道民主黨的政策才是符合他們的經濟利益。

2006年的美國國會大選無疑為民主黨的內部政治鬥爭、為美國的文化戰爭與經濟不平等開了一個新窗口。民主黨在這次選舉中採取經濟民粹主義路線。許多候選人在地方都大談保障工人權益，擴大健保，並響應工會批評美國最大連鎖量販店沃爾瑪（Wal-Mart）如何剝削勞工，不論是立場親商的康州連任參議員李伯曼，或是黑人政治明星參議員歐巴馬。

提高最低工資（目前聯邦政府規定最低工資是時薪5.15美金）則是這次民主黨主打的政策，即將上任的民主黨女性新議長也宣布將在國會提出法案把最低工資增加40%到7.25美金。民主黨也在這次國會選舉中，在六個州發動提高最低工資的公投，並全部成功通過。

結果是，在以往共和黨掌握的中西部和南方州，民主黨都大有斬獲。民調顯示，這些地區的選民認為經濟是他們最關心的議題，而不

是價值議題。尤其在幾個嚴重失業的州，如俄亥俄州、賓州和密蘇里州，民主黨不但贏得參議員選舉，而且都是新人挑戰共和黨在位者。紐約時報評論家布魯克（David Brooks）在選前就說，上述這些州和其他一些地方（如蒙大拿州）的民主黨候選人都是以「工廠民粹主義者」的姿態出現。結果證明他們是勝利的。

這當然不是說偏左的經濟民粹主義路線將在民主黨取得主導路線。作為一個鬆散的政治聯盟，民主黨內還是有各種意識形態的分歧。但是這次勝選，卻的確讓他們認識到，若要擴大選票基礎，爭取更多勞工的支持，就必須提出能夠改善選民生活的切身議題。在這樣一個既有勞工生活受到重大挑戰的全球化時代中，這些社會經濟政策不僅是必要的，也是可贏的策略。相對的，布希一再訴諸於基本群眾的動員策略，終於踢到了鐵板。

於是，政治菁英們或許終於會開始認識到，強化兩個美國的差異——不論是經濟上或文化上——終究不是辦法。為了這個政治共同體的長期發展，應該是致力於消弭兩個美國的鴻溝，與追求社會團結（solidarity）。

15

草根民主的前進
Grassroots Democracy is Moving On

　　如果連烤吐司機都可以展翅而飛，憤怒的人民當然也可以讓他們的聲音昂揚。

　　1998年，設計出有翅膀的烤吐司機的螢幕保護程式的軟體工程師夫婦Joan Blades和Wes Boyd，對於當時國會一心只關注於彈劾柯林頓的私人道德問題，深感憤怒，因而發連署信給朋友，要求國會在譴責柯林頓後趕快繼續「前進」（move on）——前進到國家所面臨的各種更重要議題。意想不到的是，不是政治或社運人士出身的他們，竟然徵求到四十萬人連署。

　　他們知道，一股人民的力量正在萌芽；但他們當時並不知道，美國的政治文化將逐漸被他們徹底改變。

　　98年底他們開始組織義工去支持民主黨候選人，並開始介入其他

重要議題：環境保護、槍枝管制、媒體改造、政治獻金法改革等等。伊拉克戰爭開打後，全球的反戰聲浪把MoveOn推到一個全新的高峰。他們不僅參與組織一個全球六千個場所同步舉辦的燭光祈福活動，且在兩個月內收集到二十多萬個連署，並透過九千名以上的義工把這些連署交給四百名以上的國會議員。美國左翼網站Alternet說，沒有MoveOn，反戰運動不可能是今日這種草根現象，不可能如此受到媒體矚目。

他們也開始介入美國2004年總統大選。首先他們在2003年初舉辦線上民主黨候選人初選投票，兩天內吸引了超過三十萬人投票。此後，他們一步步成為總統大選中不可忽視的力量。

現在MoveOn是全美自由派陣營中最有力量的草根組織：會員超過300萬，並且是民主黨派中最強大的募款機器。但是他們專職人員不超過十個，且大家都在家中工作。

MoveOn的哲學是「遠大的視野，巨大的耳朵」（Strong Vision, Big Ears）：巨大的耳朵讓他們聽到草根群眾的聲音，遠大的視野則讓他們有目標可以凝聚這些聲音。對MoveOn的支持者來說，政治已經被財團利益和主流媒體主宰，所以他們要讓一般公民奪回本來就屬於他們的公共領域。而他們之所以能夠獲致這麼多人支持，正因為從意見的發動、決策的過程，到實際的執行，都是由會員一起參與。例如MoveOn網站上有一個「行動論壇」的機制，由會員們討論可以進行哪些議題，並共同投票決定。又譬如他們舉辦一個反布希電視廣告競賽，但不像以往電視競選廣告都是由專業廣告公司負責，而是鼓勵

2006年紐約的反戰遊行。

民眾創作，由網友選出優勝者，再由他們購買電視廣告時段播放。或者，MoveOn也動員會員去看反布希的電影《華氏911》，並且鼓勵會員在家裡舉辦電影派對，讓導演麥克‧摩爾透過網路連線與三千個家庭派對同時對話。

更驚人的是他們的募款能力。透過善用網路媒介，他們成功地讓一般民眾透過小額捐款影響政治人物或政治議程，讓政治不是只有大財團才有影響力。例如，他們原本計畫在2005年以一整年募款500萬美金，這個數字在（當年）6月就已經達到了，平均每個捐款者的捐款是45元美金。

MoveOn的故事代表了這幾年美國草根民主的復興。

2004年的總統大選，除了在表面上的候選人特質和政策方向的辯論以外，其實是基層草根組織的對抗；是右翼的、宗教的、保守的組織和左翼的、自由派的、社運的組織戰爭。過去幾年，共和黨非常成功地建立了在基層建立許多組織 (註一)，但進入2004年總統選舉，原本在過去二十年沉寂的民主黨草根群眾，又逐漸開始展現活力。

草根運動再起的主要原因首先當然是由於共和黨對內的反動保守主義與對外不正當的伊拉克戰爭，讓對布希政府的反抗遍地烽火，不論是反戰、反對箝制公民自由的「愛國法」、或反對布希劫貧濟富的經濟社會政策等等。

另一個關鍵的現象是許多民主黨支持團體的選票動員行動。例如MoveOn發動一個稱為「不要漏掉任何選民」（Leave No Voter

Behind）的活動（註二），發動會員上街動員選票，包括沿街拉票，或在週末下午聚集在公園中一起打電話給那些選情膠著的「搖擺州」（swing state）選民拉票。更大的動員投票組織是金融資本家索羅斯（George Soros）資助的「美國同在一起」（America Coming Together）（MoveOn也和該組織合作），他們甚至贊助布魯斯‧史賓斯丁（Bruce Springsteen）、REM等重量級音樂人在「搖擺州」舉辦支持凱瑞的演唱會「Vote For Change」。

結果是，凱瑞比上次高爾的得票多了410萬，而這些增加的選票有60％是來自「美國同在一起」等團體的目標州。只是，共和黨的組織工作和動員更徹底，也更有豐富的行政資源，所以票數增加的更多。

民主黨失敗的關鍵原因在於他們長期以來已經出現價值的空洞化和組織的虛弱化。過去依賴的核心價值——進步自由主義——逐漸崩潰，以致於現在毫無方向。九○年代柯林頓提出新中間路線和新民主黨來面對所謂的新經濟：取消或改革許多福利政策、強調平衡預算、支持北美自由貿易區、用更多警力強化社會秩序，甚至宣布大政府的時代已經結束了。換言之，他們想積極爭取都會白領，並以為藍領階級是他們的鐵票，所以在經濟議題上一再從經濟民粹主義上退讓。而華府的政客們越來越依賴大企業捐款，對於美國日益嚴重的社會不平等和勞工處境提不出有效的解決方案。

到了布希的保守主義時代，民主黨政治人物還是無法提出和共和

黨不同的政治想像，甚至凱瑞一開始還支持布希的伊拉克戰爭，且對許多經濟和社會議題都不敢站穩立場。

在凱瑞選輸後，MoveOn執行長艾里（Eli）發了一封如今成為經典的電子郵件：「許多年來，民主黨被華府的政治圈內人控制，而這些圈內人更接近於企業遊說團體，而不是基層民眾。去年，草根民眾捐獻了三億美元給凱瑞和民主黨中央，這證明政黨並不需要企業獻金。這是我們的政黨，我們擁有它，我們要把它奪回來！」

的確，對他們來說，民主黨不是只屬於現在掌權的政客。所以，他們要從政客中奪回民主黨，要從共和黨中奪回美國。

註一　對這幾年共和黨基層組織的描述，最著名的著作，
　　　是自由派評論家Thomas Frank的 *What's the Matter with Kansas*（2004）。
註二　這句話的來源是因為布希有一個教育政策
　　　叫做「不要放棄任何一個孩子」（Leave No Child Behind）。

Part 3｜人民如何擁有力量
How Do People Have the Power?

16

網路 | Internet

網路如何挑戰政治
How Do the Netroots Challenge Politics?

【關鍵字】網根（netroot）：以網路為基地的草根群衆

　　2006年6月初，一千多名部落客（blogger）在美國拉斯維加斯的一家旅館舉行一場政治部落客大會，討論的主題包括民主黨的改革、如何在2008年打倒共和黨，以及部落格與主流媒體的關係。簡言之，是網路如何挑戰政治及媒體。會議的核心人物、著名的部落客莫理薩司（Markos Moulitsas）宣稱，才經過三、四年，以網路為主的進步運動已經從政治的邊緣到達了政治中心！

　　他並沒有誇大。在這場會議中，主要媒體的記者和專欄作家、民主黨的諸多重要策士都來了。更引人注目的是民主黨中準備在2008年參選總統的政客也出現不少，包括前維吉尼亞州州長、參議院民主黨

反叛的凝視
The Rebellious Gaze

黨鞭、曾於2004年參加民主黨內初選的克拉克將軍，以及現任墨西哥州州長都出現在會場。民主黨全國委員會主席狄恩（Howard Dean）也來發表演講。

這場盛會的名稱叫做Yearly Kos，因為參與者都是莫理薩司的部落格Daily Kos的常客。這個部落格每天約有六十萬以上的人次，每週至少有一百萬人造訪，所以比絕大部分媒體都有更廣大的讀者群。

這個部落格的興起，以及網路開始成為美國政治中一股重要力量，是始自2003年民主黨總統初選候選人狄恩競選時。相對於其他候選人承襲了民主黨從九○年代以來的「中間」路線，包括對伊拉克戰爭的曖昧態度，狄恩則激烈批評布希、鼓吹全面實施健保，和鮮明反對伊拉克戰爭，因而使他獲得許多民主黨草根群眾的支持。狄恩這場選舉更大的意義是，他利用網路作為主要動員和募款的工具，啟動了美國政治史上第一場網路革命；他原本缺乏全國性知名度，但到了2003年底，他透過網路所募到的款項已經遠遠超過其他更知名的候選人。尤其他的主要資金來源不是利益團體或財團，而是民眾的小額捐款。另外，在部落格剛興起時，狄恩總部就製作了第一個政治人物的競選部落格，而能讓支持者和總部高度互動，並讓「部落格」從此進入美國政治的通用語彙。

他更積極挖掘許多原本對主流政治冷漠者的熱情。例如原本有一個讓各種團體尋找同好聯誼的網站Meetup，民眾在網站上登記興趣和居住地點，狄恩則藉由這個網站讓各地支持者自行組織聚會時間地

Part 3｜人民如何擁有力量
How Do People Have the Power?

點，討論如何助選，甚至邀請候選人來參加聚會。而狄恩在民主黨初選時，積極舉辦家庭募款派對：任何人都可以主動在家中舉辦這種募款派對，候選人會親自到場或是與現場通電話。而這種小型聚會就是開展草根支持網絡的基本單位。

不過，狄恩並沒有獲得民主黨提名成為總統候選人，讓很多人懷疑這個網路的政治力量可能只不過繼前一波的網路經濟般，又一場喧譁的泡沫。

一年後，沒有選成總統的狄恩卻成功選上民主黨全國委員會主席，而部落客再度在這場黨主席戰場中扮演關鍵火藥。他們不但積極遊說有投票權的黨代表，也努力挖掘其他參選人的背景資料，不論是和企業關係曖昧者、和共和黨關係密切者、或是政治立場太保守者（如主張把社會安全私有化），然後在網路大量散布這些資訊，攻擊這些候選人，最後使他們一一退出。狄恩在當選感言中說：「民主黨的力量不是來自由上而下的政治顧問，而是由下而上的草根力量。」

2004年俄亥俄州的一場議員選舉是另一場「網根」的戰役。這個選區從1974年起就被共和黨獨占席次，所以通常民主黨不敢去冒險挑戰。但是一個毫無政治經驗、剛從伊拉克戰場回來但堅定反戰的新人海凱特（Paul Hackett）卻毅然投入選舉，並獲得Daily Kos和其他網友全力支持。在他全部選舉預算的85萬美金中，網路募款就有50萬美金，而且都是50元左右的小額捐款。更驚人的是，最後選舉結果他和連任者票數相距不遠，只差3.5%，雖敗猶榮。

反叛的凝視
The Rebellious Gaze

2006年8月，網根們終於贏得一場震驚全國的戰役。在康乃迪克州民主黨參議員選舉的初選中，美國資深參議員、並曾在2004年競選總統的李伯曼（Joe Lieberman）在爭取連任的初選之路上，輸給新人拉蒙（Ned Lamont）。主要原因之一是李伯曼的保守立場以及他對伊拉克戰爭的支持，而新人拉蒙則是強烈反戰。但早在初選開始初期，這場競賽就被視為是網根能量的重要試煉——和布希關係良好的李伯曼一直是網根們主要批評目標，MoveOn就發動群眾打了七萬多通電話給康州的選民做投票動員。不過，在該年11月的的選舉中，以獨立身份參選的李伯曼還是打敗拉蒙，當選參議員。

但無論如何，現在美國的任何選舉已經不能忽視這股「網根」的力量。他們為一般人民的政治介入提出了新的可能性：他們可以讓聲勢微弱的候選人獲得主流媒體和選民注意，他們可以設定政治議題，而越來越多政治人物會徵詢部落客關於特定政策的意見，而不再只有傳統的利益團體。

不論是Daily Kos或是MoveOn的成功，在於他們能夠把網路上的虛擬社群轉化成一股強大的社會力量。原本最常見的網路行動就是連署，或發動寄發電子郵件給政治人物，或是募款。但是他們卻超越這個層次，而把真正的戰場放在實體世界。因此除了網站外，MoveOn也成立了實體組織，包括在美國法律下可以捐款給政治人物的「政治行動委員會」（political action committee）。

他們的具體行動一方面是傳統的草根「地面戰」，包括發動志工去

遊說選區議員、組織街頭遊行、以及進行街頭催票等；另方面則是在主流媒體上登廣告的「空中戰」。MoveOn向會員募款以在報紙、電視上刊登廣告，或者購買看板廣告等。他們的募款是針對特定工作目標——例如決定在《紐約時報》刊登反戰廣告，由於看得到具體結果，所以捐錢者可以建立起對他們的信任。

這股新的力量一部分來源固然是網路帶來的資訊傳播和溝通網絡的新革命；但更重要的是，這些「網根」代表的正是民主黨陣營中最熱情、有行動力、最有串連能力的草根力量。網路畢竟只是工具；運動成功的真正關鍵是人民的憤怒，並找到一種機制把這股憤怒轉化為有效的政治力量。所以，與其說是新科技的武裝讓他們有廣大影響，不如說是他們看到了共和黨和民主黨的政客與策士們都是都是不敢大聲講出理念、且和民眾需求脫節的。所以，他們要「衝破政治的大門」——如莫理薩司最近的暢銷書書名《衝垮大門》（*Crashing the Gate*）——進去政治場域，一步步的改變政治的遊戲規則。

17

高爾、企鵝與全球暖化
Al Gore, Penguins, and Global Warming

2006年夏天，一場地球保衛戰正在美國國內進行。

電影院在上演一部關於全球暖化的電影《不願面對的真相》（*An Inconvenient Truth*），男主角是美國前副總統高爾（Al Gore），配角是北極熊和企鵝；電影的同名書則高掛在各書店櫥窗。

是的，這是一部關於全球暖化問題的電影，但並不是一部Discovery式的紀錄片。電影內容主要是高爾的演講和他的多媒體投影片。聽起來很無聊嗎？不，由於簡報投影片內容十分精采，和他頗具魅力的演講，使得電影相當生動：這是美國電影史上賣座第三名的政治性紀錄片——前兩名是麥克・摩爾的《華氏911》和《科倫拜校園殺人事件》。並且不只在所謂民主黨地盤的紐約和舊金山等地賣座良好，甚至在以共和黨爲主的地區也都有不錯成績，成爲史上最賣座的

Part 3｜人民如何擁有力量
How Do People Have the Power?

環保紀錄片。

電影的緣起是一名好萊塢著名製作人兼環保人士看到高爾為了電影《明天過後》所做的一場演講後，大為震動，因此在紐約和洛杉磯幫高爾另外組織了幾場演講。然後她想到，如果要讓更多人看到，不如拍成一部電影。

這部電影和書並不是一部冷靜研究型的探討溫室效應和全球暖化的紀錄片，而是一部充滿熱情、鼓吹人們去改變地球的影片。電影基本上是在呈現許多根本事實：人類史上最炎熱的二十一年中有二十年是發生在過去二十五年，而2005年則是史上最熱的一年。結果，越來越多北極熊瀕臨淹死——因為北極的冰山不斷融化中，國王企鵝的數量也迅速減少。當然，受到威脅的不只是住在兩極的可愛動物，還有人類。溫度的日益上升造成海洋更多威脅力強大的颱風，更乾燥的土地影響農作物收成，以及原本只在赤道地區出現的疾病會往南北蔓延等等問題，都對人類生存帶來新的危機。

但電影更重要的目的和力量來源，在於高爾把這個議題塑造為當代人類所面臨最迫切的道德問題：如果現在不去改變，那麼地球和人類將面臨嚴重危機。他也在影片中批評了石油財團如何透過遊說和資助一些研究來扭曲全球暖化的資訊，並抨擊布希政府拒絕簽訂「京都議定書」。在他的演講之外，電影中也有不少感性畫面是高爾如何長期致力於環保的議題，和他如何從總統大選失敗中站起來。

反叛的凝視
The Rebellious Gaze

這部片子呈現的是一個新的高爾。從在哈佛念書時，高爾就跟他的一個老師研究二氧化碳排放的問題。1980年，他在國會舉行了溫室效應議題的第一次國會聽證會，1992年他出版《平衡的地球》（*Earth in the Balance*）一書，成為暢銷書。不過，在當年的選舉中，代表共和黨的老布希總統嘲笑作為柯林頓副總統候選人的高爾是「臭氧人」，並說如果柯林頓和高爾當選，他們的環保政策會影響美國經濟，讓大家沒工作。由於被抹黑為環保極端主義者，所以高爾在那次總統大選中並未強調這個議題。進了白宮擔任副總統之後，他對這個議題著墨也不多；最大的成就或許就是協助擬定京都議定書，雖然柯林頓政府並未把這個議定書送到參議院。兩千年和小布希競爭總統時，他也沒有以環保議題為主軸。

　　高爾在兩千年大選敗給布希後——高爾獲得較多普選票，但小布希卻在爭議中獲得稍多的選舉人票——先後在大學兼課，與太太合寫書，擔任蘋果電腦董事和Google資深顧問，還創立了以年輕人為訴求的有線互動電視網「潮流」（Current）。不過，他最關切的還是全球暖化問題，在全球各地四處奔走演講。弔詭的是，他在卸任公職後所作的努力，似乎遠比在公職時期更有效、更能喚起人們對地球暖化的關注。

　　現在，他不但要把這部電影和書的全部收益都捐給一個推動關注氣候變遷的組織，更要把電影當作環保運動的一環，舉辦訓練營，讓更多人可以使用他這套豐富的演講材料，並讓這些種子到更多地方傳遞訊息。

Part 3｜人民如何擁有力量
How Do People Have the Power?

這些議題並非沒有政治爭議性。高爾在電影中曾提到，人們沒有對全球暖化問題提出有效行動，主要是因為某些利益集團刻意扭曲資訊，讓人們以為暖化問題並非真的由人類活動所造成，以及讓人們誤以為解決全球暖化問題會影響經濟發展——後者正是1992年老布希批評高爾的理由。

　　這部電影剛好證實這兩點。因為對石油業來說，高爾的電影威脅到他們的利益，所以他們展開強烈反擊。而現在的布希政權更和石油利益關係密切，所以也發動保守派媒體反撲：著名保守派雜誌《國家評論》（*National Review*）用封面故事批駁電影中的事實，福斯電視網則直接質問：「高爾的地球暖化電影會不會傷害經濟？」

　　一個美國智庫「競爭企業研究中心」（Competitive Enterprise Institute）更推出兩支六十秒的電視廣告，抨擊這部電影。這個機構長期主張地球並未因石油和煤炭燃燒而有嚴重的暖化問題，甚至說地球遭到暖化的威脅就好比說地球遭到外星人攻擊一樣可笑。不過，他們最大的金主卻被揭露是艾克索美孚石油公司（Exxon Mobil）。廣告推出後，也有科學家指控廣告扭曲他們的研究成果。

　　事實上，九〇年代前對地球暖化的科學研究成果的確沒有具體結論；但現在，根據美國《科學雜誌》調查，1993年到2003年的九百多篇學術論文，沒有一篇質疑地球暖化是人類活動造成。美聯社也詢問數十名科學家這部電影所呈現的科學事實是否正確，結果都得到絕對肯定的答案。

反叛的凝視
The Rebellious Gaze

現在，高爾每場演講後的發問時間，觀眾第一個問的問題都是：你是否會再度出馬競選總統？不少民主黨支持者希望他在2008年出來競選，左翼網站Alternet的讀者更票選他是在2008年最適合代表民主黨參選的人。因為在這個時刻越來越少民主黨政治人物可以為信念而戰──凱瑞和希拉蕊都在許多議題上搖擺不定。而當高爾在電影的最後說，在對抗全球暖化的戰爭中最缺乏的就是政治決心時，或許他也在暗示人們如果真的認為這個問題迫切，那麼應該選擇最適當的領導人。

　　《不願面對的真相》提供了政治、社會議題和大眾文化結合的新典範。電影或許成功地發揮了大眾文化的推波助瀾之效，政治人物或許扮演了魅力型的說服者，但最後還是必須回到社會領域的草根組織工作，讓企鵝、北極熊和人類，都有一個更美好的地球。

18

勞工 | Labor

對抗沃爾瑪
Against Wal-Mart

　　貝蒂‧杜克是一名五十二歲的黑人女性，教育程度不高，家境清寒。

　　十年前她進入沃爾瑪超市（Wal-Mart）工作，因為她在沃爾瑪創辦人沃爾頓（Sam Walton）的傳記中看到一個成功的企業家精神，所以決定加入這個企業。一開始她只是兼職的櫃台收銀員，一年後由於表現優異被升為全職員工，兩年後更被升為客戶服務經理。但她也發現職場環境對她越來越不利，出現越來越多的性別歧視：她申請接受訓練被拒絕；當她向主管抱怨時，主管不但不理會，反而挑起她的各種小毛病；她持續申訴後，卻被降職到收銀員。當她再次符合升遷的條件，四個經理職缺卻都給了男性。而她的薪資一向都低於同等級的男性。

反叛的凝視
The Rebellious Gaze

在巨大的沃爾瑪王國中，貝蒂的故事只是性別歧視的冰山一角。但是，她卻不願意對大企業繼續姑息下去，因此決定和另外五名女性一起控告沃爾瑪有系統地在薪資、升遷和工作分配上歧視女性，且其企業文化也鼓勵性別歧視。

這是一場再懸殊不過的對抗：六個平凡女子對抗世上最大的零售業公司、美國員工人數最多的企業。沃爾瑪在美國雇員人數高達120萬；營業額超過3000億美元，占美國國民總產值的2%。如果沃爾瑪是個國家的話，他們會是中國的第五大貿易夥伴。更有人認為世界經濟已經逐漸被「沃爾瑪化」。

面對龐大的怪獸，她們決定向法院爭取這個訴訟成為集體訴訟，因此她們現在代表了從1998年以來曾經或仍然在沃爾瑪工作過的上百萬女性。這是美國有史以來控告私人企業就業環境歧視的最大案例。

沃爾瑪的勞動力有七成是女性，但是各地區的主管只有10%是女性。女性和男性普遍同工不同酬，且職位越高，差別越大。有一百多家分店的員工作證說男性主管常常要求他們的女性同事一起去脫衣舞店聚會，並告訴女性員工，包括單親媽媽，女性不需要獲得同工同酬是因為男人要養家。

性別歧視還只是沃爾瑪這個企業惡劣勞動環境的一環。

雖然對關心企管的人士來說，沃爾瑪代表一個成功的企業發展模式；對消費者來說，它提供了便宜的物品，但是低價格與高利潤的背後卻是惡質勞動條件和低廉工資。基層店員的起薪是一小時6塊多，

平均時薪是8塊美金，許多人一年的年薪根本無法養活家庭。

　　同時，沃爾瑪公司的健保計畫只涵括四成多員工，相較之下，沃爾瑪的對手Costco的健保計畫卻包含了九成員工。2005年10月，《紐約時報》報導一份沃爾瑪內部文件，顯示他們打算在2011年之前要減少十億美金的健保支出。具體作法包括多雇用兼職員工少用專職員工、錄用更年輕、更健康的員工——為了要讓身體不好的人知難而退，他們要讓收銀員增加其他體力負擔的工作。這份文件也承認有46%的員工子女不是沒有保險就是依賴政府救助。另外，他們也大量雇用非法移民以壓低工資。當然更不要說，製造大部分沃爾瑪商品的中國工人的勞動條件是如何血淚斑斑。

　　站在被嚴重剝削的員工肩膀上露齒而笑的——沃爾瑪的企業標誌就是一個笑臉——是每年都賺進一百多億美金的沃爾瑪，是財產超過九百億美金、美國最富有家庭的沃爾頓家庭。

　　這個美國最大的企業也是最反對工會的企業。他們一貫使用各種方式阻撓任何工會成立：對員工散發反工會的宣傳錄影帶，只要有人要開始組織工會就想盡辦法打擊、監控員工，甚至不惜關店或是結束部分部門。2000年，在德州一家分店的屠宰部門投票通過成立工會後，沃爾瑪總部決定關掉這個部門。三年後，這個行為被政府宣布不合法，要求恢復屠宰部門。2004年在加拿大魁北克省的一家沃爾瑪分店，員工投票決定組成工會，五個月後這家店就被宣布關閉。當然，一年後加拿大的勞工委員會宣布這是不合法的，要求沃爾瑪賠償員工。今年中，雖然他們終於同意讓中國的工廠成立工會，但那是因為

他們知道，這些工會並不會真的起來抗爭。

除了剝削員工，沃爾瑪也嚴重壓縮傳統小店的生存空間。每當他們到一個新地區開店，就如龍捲風一般，讓許多傳統商店倒閉。

因此，現在沃爾瑪在美國是邪惡企業的代名詞。工運、社區甚至教會團體組織許多反沃爾瑪聯盟，讓他們遭到極大壓力；不少人開始不上沃爾瑪購物。而過去三年，他們在許多地區的開店計畫都遭到社區的激烈阻擋，甚至被迫放棄計畫。面對這些壓力，沃爾瑪固然作出些許改變，但是他們花更大的資源在進行形象保衛戰，用大量廣告來說明辯解他們的員工福利以及社會貢獻。

2006年中，反沃爾瑪團體Wake Up Wal-Mart展開新的一波運動，進行一趟三十五天的全國巴士之旅，邀請許多民主黨政治人物在他們的選區演講、批評沃爾瑪，連一向被視為民主黨保守派的資深參議員李伯曼都公開要求這家公司要好好對待員工。諷刺的是，由於沃爾瑪是從阿肯色州起家，而前美國總統柯林頓曾任該州州長，所以沃爾瑪和柯林頓夫婦關係良好，希拉蕊還在八〇年代末時擔任其董事。但現在的反沃爾瑪氣氛，也讓希拉蕊在去年退還了沃爾瑪給她的政治獻金。

事實上，沃爾瑪更多的政治獻金是給共和黨和右翼智庫：他們是共和黨第二大金主，他們的意識形態也和共和黨的保守主義高度親近。研究指出，每週至少去一次沃爾瑪購物的民眾中，有七成六的人在2004投票給布希。更精確地說，他們採用與共和黨相同的兩手策

略：在剝削勞工的同時，他們堅持保守的道德價值。例如，他們的健保計畫中不包含避孕；他們所販賣的CD和書籍都必須是「純潔」的——例如《紐約時報》排行榜暢銷冠軍、著名政治脫口秀主持人史都華（Jon Stewart）諷刺美國民主的書《美國》，就一度被禁賣。

但這種以保守道德觀來遮掩經濟剝削的企業文化／政治論述終究是虛妄的。貝蒂和其他原告的女性中大部分是基督教基本教義派，參與控告的數十名女性也都是保守的共和黨支持者，且過去很少關心女性主義或者工會問題。她們原本相信沃爾瑪是道德的、具有基督教精神的企業，只要她們辛勤工作就會有回報。但是，她們最終發現她們被背叛了。

鼓起勇氣的貝蒂並不知道這場「杜克對沃爾瑪」（Dukes vs. Walmart，這椿訴訟名稱）的戰役是否有希望獲勝。但她在法庭證詞中說：我參與這場訴訟，是為了要讓那些像我的姪女一樣年輕的女孩和所有女性，可以在每一個沃爾瑪都受到公平的對待。

反叛的凝視
The Rebellious Gaze

19

學生權力
Student Power

　　1968年，紐約哥倫比亞大學的學生衝進校長室，占領多棟學校建築，建立起他們混雜著酒精、汗水與理想主義的安那其反抗基地：他們反對那場不義的越戰、反對哥大在哈林區建造起爲大學菁英服務的體育館。雖然最後在深夜遭到警察進入校園強行鎮壓逮捕，但這場紐約的學生運動，卻構成六〇年代沸騰校園中最鮮明的反叛圖像之一。

　　對許多進入哥大的學生如我，想要來到這個校園是因爲意欲探索纏繞在哥大那些古老建築上的騷動、憤怒，與學生反叛的傳統。

　　我們幸運地，遇上了六、七〇年代以後最熾熱的校園反戰運動，捲入了校園的激進主義。但沒想到，原來眞正要搏鬥的，不只是用書本和熱情攻擊校園外的邪惡怪獸，反而是這座看似雄偉的校園。

Part 3 | 人民如何擁有力量
How Do People Have the Power?

美國哥倫比亞大學的研究生助教們在校門口進行罷工。

2004年是哥大250週年，眾多的慶祝活動中包括一系列關於哥大歷史的演講。其中一場的主題正是「學生力量（Student Power）——1968年的哥大」。在台下緬懷歷史的參加者大半以上是當年參與運動的校友。

就在演講即將開始前，一位老先生突然走到麥克風前，眾人原以為他是來開場的，他卻說起他和主辦單位無關，但是今天大家在這裡追思六八學運，懷念那個讓哥大裝備起進步精神的歷史時刻時，此時此刻也有一群學生正在講堂外面抗議。因為哥大拒絕承認他們組成研究生工會。

這是哥大研究生為了組織工會進入罷教的第二週。成立工會的目的是希望獲得和校方集體協商的權利，談判包括教學環境、工資和醫療保險等相關議題。兩年前，研究生經過普遍投票同意成立工會，但是學校至今不肯承認工會。因此工會在學期末發動罷教，助教不上課、不改考卷。

大學早已不再是傳統浪漫想像中單純和諧的經院。過去三十年來，美國大學的教學體制出現很大變化。終身職教授人數逐漸減少，而學校為了節省經費，任用越來越多的兼任教師和博士生來授課。在哥大及其他美國大學，博士生必須負擔教學義務，不論是幫老師帶討論課及改考卷，或是開授大學部課程，理工科的研究生則在實驗室中長期工作。根據統計，在美國正職教授的授課時數幾乎不到全部授課時數的一半，更不用說博士生負責了九成以上的學生考試評分。正由於學校減少聘用正職教授，造成這些十年寒窗的學生畢業面對的是日

Part 3｜人民如何擁有力量
How Do People Have the Power?

益窄小的學術市場。找不到正式學術工作的博士們若要留在學術界，只能大量兼課且難以獲得學校的福利保障。簡言之，大學追求商品化的邏輯一方面利用博士生作為廉價勞工，另一方面卻正摧毀了博士生的未來生涯。

更重要的，如美國全國勞工委員會（National Labor Relations Board）在2000年承認紐約大學的研究生工會時所說的，教學和研究工作並不是研究生必須做的事，他們也不能在這裡得到學分。他們的工作乃是為了換取學校支付的薪水——這正是典型的雇傭勞動關係。而且研究也指出，在有研究生工會的學校，大部分教授認為工會並不會影響惡化他們與學生的關係。

因此過去十年來，美國各地出現了研究生爭取成立工會的風潮，至今已經有二十多個大學成立工會，但更多學校工會遭到阻力，以及共和黨的保守打壓——小布希上台後主導組成的勞工關係委員會在2003年推翻之前委員會決定，主張研究生是學生，而不享有聯邦保護的組工會權。所以原本紐約大學成為私立學校中第一個成功爭取到學校和研究生工會簽約的學校，但校方在2005年拒絕續約，迫使研究生在上下學期進行罷工。哥大也爭取了五、六年，並獲得許多政治人物和全國性工會領袖的聲援，研究生在校門口進行多日「工學聯合」的罷工。

回到那一天，就在那名臨時闖入的老者講完話後，十幾名手拿布條的學生緩緩地走進這個莊嚴的講堂，在預備上台演講的教授前面靜

靜地坐下，舉起抗議布條。

關於1968年學生力量、關於那個古老的光榮歷史的演講正式展開
——在一排靜默地爭取基本權利的學生背後。

20

青年政治學
The Politics of Youth

「不投票，就會死」（Vote or Die）。

這是2004年美國總統大選最知名的口號之一，在街頭到處都可以看到海報。針對的對象特別是年輕黑人，因為這個口號是屬於美國知名黑人嘻哈流行樂手吹牛老爹所發起的青年選票動員組織：「公民改變」（Citizen Change）。

美國三十歲以下的年輕人投票率一直很低，過去的最高點是1992年的四成七——這個高峰正是社運和音樂組織開始動員青年選票的努力成果；被這股青年選票推上總統寶座的，是在六○年代青年反文化中成長的柯林頓。但2000年時，卻只有三成多。

在2004年的選舉，年輕人的投票率和人數都是從1972年投票年齡降到十八歲以來最高的。估計三十歲以下的投票人比2000年選舉多

出460萬票，投票率並首次超過半數——2000年時只有42.3%。不過因為這次大選各群體的投票率都有成長，所以青年選票似乎並不關鍵。但雖然不像1992年青年選票得以把柯林頓推進白宮，三十歲以下的青年選票卻是民主黨候選人凱瑞得票唯一勝過布希的群體：他獲得54%的青年選票，布希則拿到44%（2000年大選時，民主黨的高爾只贏布希兩個百分點）。

過去青年投票率低的主要原因是，一來他們不在選票動員的網絡中，二來由於年輕人沒有對政黨或候選人的強烈認同，所以政治人物較不願把他們當作爭取選票的對象。這造成一個惡性循環：政客不重視年輕人，所以年輕人不去投票，因此政客更沒誘因對他們下工夫，年輕人因而與政治疏離，不認為他們有權力、有能力來參與改變更大的政治環境。

一項民調研究則顯示，六成年輕人表示他們不想去投票的主要原因是他們對候選人和議題不夠了解。耶魯大學政治系教授Donald Green的研究則指出，大規模的同儕說服對於提升年輕人投票有顯著效果。因此那些青年動員組織的策略是希望透過如流行樂手號召，或是草根組織的拜訪去說服年輕人投票。

目前美國最主要的一個青年選票動員組織叫做「搖動選票」（Rock the Vote），這是在1990年由唱片工業的成員組成，一開始是為了要回應八○年代保守勢力對流行音樂創作言論自由的攻擊和箝制。從1991年開始，則把活動重心放到鼓勵年輕人關心政治、參與投票。他們不僅找了音樂人拍攝電視廣告、在CD上介紹該組織、在演

唱會現場辦理選民登記等，也利用最根本的草根動員方式，成立「社區街頭行動隊」（Community Street Team），廣泛徵選關心政治的年輕人加入，在全美各地方推動草根組織、宣傳理念、協助選民註冊、散發小冊子。「搖動選票」的信念是：「真實、深刻而持久的社會改變來自有組織的政治行動，而且永遠如此。」

他們更長期與美國MTV電視頻道合作，發動一個「選擇或失去」（Choose or Lose）運動。工作包括在MTV電視台的新聞中分析與年輕人的相關議題、推出「選擇或失去」號巴士，在各城市演唱會辦理選民註冊或者發放文宣等。2004年，他們推動一個新口號：「兩千萬的吶喊」（20 Million Loud），希望至少有兩千萬名年輕人出來投票——結果，這一次出來投票的年輕人有兩千九百多萬。

除了動員選票外，自由派和保守派也積極組織校園的活躍學生。以往是保守派較有計畫，他們每年至少投入3000萬美元來訓練青年領袖，送右派名嘴進校園演講，或贊助校園刊物。

自由派則是這兩年才急起直追。目前在跨校學生組織中，最有影響力的是親民主黨智庫成立的「進步校園」（Campus progress）。這主要是一個串連各校學生的網站，但他們也有許多實體活動，如投入經費在訓練學生思想和活動能力，並資助他們自主舉辦的社會行動。可貴的是，他們的活動並不是動員學生來支持民主黨，而是支持他們投入進步社運，例如這兩年發展蓬勃的替校園勞動者爭取「最低工資」運動，或是反戰運動。當然，這些議題雖然不是直接有利於民主黨，

但顯然是對抗共和黨的政策。

　　值得注意的是，民意調查顯示美國九成年輕人把教育視為最重要的議題，其次是經濟、工作和健保問題。因此，比較強調這些議題的凱瑞可以贏得這個群體的支持；這也代表關注這些議題的學生運動有很大的組織空間。

　　從九○年代中起，民主化的台灣出現一股爭取年輕人選票的趨勢。當年民進黨以辣妹競選團顛覆了傳統僵硬的政治文化，卻只是以另類方式複製了國民黨以救國團的逸樂化來爭取年輕人支持，而後各黨政治人物也只是競相比較誰能夠更媚俗（誰會忘記某一年立委的「賭神」競選廣告？）。這幾年，政治人物不論是要動員青年選票，或是組織校園，似乎更傾向把年輕人弱智化，而不是思考如何去賦予（empower）年輕人力量，讓他們更能參與公共領域，更遑論提出他們關切的教育品質、學費負擔或就業等議題。

　　當然，青年毋須等待政治人物的關心；時代正在考驗著青年，要如何擺脫成為被政治動員的工具，而用更多的想像力和行動力解放政治！

21

媒體 | Media
廣播年代
Radio Days

　　美國導演伍迪・艾倫有一部電影《廣播年代》（*Radio Days*），描述他兒時全家聆聽收音機古老而美好的歲月。

　　雖然在電視、網路等媒體出現後，廣播逐漸衰落，但每個人家裡仍然都有一台收音機默默的佇立在櫃子上；很多傳播理論家也認為不論是從製作面或消費面來看，廣播仍是最民主的大眾媒體。

　　但今日美國收音機所播放的已經像是二十四小時重複播出的錄音帶。各種異於主流的音樂，逐漸從電台中消聲匿跡──美國的電台大部分是靠電腦不斷重複播放一份排行榜熱門歌曲的歌單。廣播的新聞或政治評論被少數名嘴（尤其是右翼）主持人的聯播節目所取代，新聞內容不再是關於公民的生活社區的訊息，更不要說是具有批判觀點的聲音。

反叛的凝視
The Rebellious Gaze

以往電波頻道的眾聲喧譁已經退場，聽眾的耳朵接收到的只是不斷重複的、單一的、保守的訊息：不論是音樂或是公共事務。

　　過去二十年，美國的廣播結構出現巨大轉變，從一個個獨立的、在地的小電台，轉變為媒體帝國的壟斷事業。這轉變固然有許多原因，但一個關鍵是1996年通過的「電信法」（Telecommunications Act of 1996）修正案解除了對於廣播電台所有權的限制。在解禁前，一個公司在同一區域市場不能掌握四家電台以上，全國總共不能超過四十家。這個修正法案則解除這個限制，因而製造出一家超級電台帝國怪獸：「乾淨頻道傳播集團」（Clear Channel Communications）。

　　這個集團原本只擁有四十三家電台，卻在市場去管制後，一躍擁有一千兩百家以上廣播電台，並遠比第二名多了九百七十家。在流行音樂電台市場中，他們在全美的占有率更超過一半，很多城市幾乎當地所有流行音樂電台都屬於他們。為了節省製作社區節目的成本，他們大量刪減各地電台人力，而改以聯播的音樂和新聞評論。乾淨頻道集團對多元音樂的扼殺、保守的政治態度（他們是布希的金主），和對獨立媒體的壓迫，已經使他們成為美國音樂界和媒體改革運動的過街老鼠。

　　更重要的是，乾淨頻道所呈現出媒體自由化與寡頭化的各種問題，讓更多人開始重新反省媒體的本質。例如，美國聯邦通訊委員會（FCC）在過去幾年推動解除媒體的所有權限制不遺餘力，2003年更提案解除對於其他媒體所有權的限制，但是卻在強大的民意反彈壓力

下遭到國會否決。

今日，反對媒體所有權的集中化已經是美國媒體改革運動最重要的議題。

當然，許多消費者和商人也開始尋找其他出路。蘋果電腦近年大為暢銷的iPod可以說是廣播電台音樂單調化的結果，並且會反過來繼續強化這一趨勢。另一個新產品是衛星電台。美國的兩家衛星電台公司（有上千萬的訂閱者），已經逐漸蠶食傳統廣播電台的聽眾，因為他們可以提供更多元的節目和更少的廣告。

雖然新科技可以提供許多音樂的新管道，但是他們還有很大的限制。iPod是讓你在自己的音樂中遊蕩，而不是接觸更多新音樂；衛星電台雖然提供多元音樂和各種脫口秀，但是卻失去了和地方社區的連結。很多人就抱怨當車上裝上衛星電台，以往那種每開車到一個州就可以透過電台的音樂和新聞感受到各地差異的情況已不復在。

因此，還是有許多人深信廣播電台可以、也應該擺脫財團的控制，成為社區的公共媒介，反映各個地方民眾的不同文化與實際需求。雖然網路也可以是一個新聞媒介或社區論壇，但畢竟普遍率不如電台，而每個家庭或是每台車中都會有收音機，因此奪回人民對電台的主導權、爭取低功率FM電台，就成為這幾年重要的媒體改革運動。

從八〇年代末，美國就不發放給非商業電台的執照，經過媒體改革者多年努力，直到2000年聯邦通訊委員會才開始發放給非營利組織

低功率FM電台的執照。但一來限制仍多,二來既有的大商業電台也成功地遊說國會,以這些電台會干擾既有商業電台為由,壓縮低功率電台的生存空間——例如在美國前五十大的都會市場,完全沒增加一家新電台。

這兩年,新的「自由電台運動」再度興起,其中最活躍的是從費城地下電台轉型為獨立媒體運動的「普羅米修斯計畫」(Prometheus Radio project):他們積極遊說國會增加低功率電台的執照,並協助有意申請電台的團體訓練人員、技術支援或募款等。FCC開始有善意的回應,國會也開始出現支持,共和黨知名參議員麥肯就提出一個「地方社區廣播法案」(The Local Community Radio Act of 2005),增加低功率電台的執照發放,並在審查過程中強化對公共利益的考量。

而更多具有進步價值的獨立電台或節目也在過去兩年內擴大了他們的影響力。例如政治立場激進的《現在要民主!》(Democracy Now!)節目,在全美各地已經有越來越多電台播放。而2004年大選前出現的旗幟鮮明的自由派電台Air America,也已經成為當前自由派最重要的一股政治聲音。

伍迪‧艾倫的廣播年代或許是無法復返的古老鄉愁,但這不代表電波就可以被少數商業和政治利益獨占。當電波還給人民後,在空中與你相會的,才可能是各種不同音樂的百家爭鳴,各種理念與意見的公共討論,或者各個地方社區的實際生活脈動。

Part 3|人民如何擁有力量
How Do People Have the Power?

22

同志 | Gay Rights
卡通戰爭與同志婚姻
Cartoon War and Gay Marriages

　　八歲的小兔子巴斯特和他爸爸在美國到處旅遊，拜訪各地不同文化、種族、宗教背景、家庭結構的朋友，並且認識各地地方特色。這一天他來到東北的佛蒙特州朋友家玩，看看他們怎麼做楓糖和起士。

　　這是美國公共電視台的一個兒童節目《巴斯特的明信片》，兔子巴斯特是卡通人物，他所拜訪的對象則都是真人演出。節目宗旨是讓兒童認識美國這個大熔爐的各種不同文化和生活方式，並幫助英語不是母語的兒童增強生活英語。巴斯特曾經拜訪過古巴裔和挪威裔的小朋友，認識了住在雙親家庭、單親家庭，和必須在離異的雙親之間兩邊跑的兒童，也去了正統猶太教、回教，以及摩門教徒的家中。

　　但是，他來到佛蒙特的這一集「楓糖時間」卻不准播出——因為巴斯特在這裡拜訪的朋友父母不是一般的父母親，而是兩個彼此相愛

反叛的凝視
The Rebellious Gaze

的媽媽。

在節目播出前夕，共和黨籍的教育部長寫信給公共電視，強烈建議撤播這一集，並威脅刪減他們的經費。她說，因為許多父母不希望小孩接觸到這種「特別」的生活方式；許多保守派團體也都群起攻之，美國最有代表性的右翼電視評論家歐萊利（Bill O'Reilly）更說同志家庭和紐約東村的性虐待一樣不宜兒童觀賞。

另一個類似的爭議是發生在更知名的卡通人物「海綿鮑伯」（Sponge Bob）身上。海綿鮑伯和其他卡通人物朋友們共同演出一支音樂錄影帶，歌曲是迪斯可名曲〈我們是一家人〉（We are Family）。這個錄影帶的對象是小學生，目的是藉由各種不同的卡通人物（包括小熊維尼、大鳥姊姊等數十個卡通人物）一起高唱我們是一家人，來鼓勵小孩尊重多元，理解差異。

但基督教右派團體卻批評說，這是支鼓吹同性戀的錄影帶，因為尊重多元就是鼓勵不同的性別認同。然而，這整支錄影帶畫面沒有任何關於性別的指涉。唯一有關的部分是在錄影帶附帶的教學手冊上提到，如果小孩問到關於同志父母的問題時，老師應該回答說每個家庭是不同的，但是他們都建立在愛上面。另外一個導致保守派抨擊的原因是主角海綿鮑伯以往在卡通節目上會和他的好朋友牽手，所以有同志嫌疑（海綿也有性別？）。

這是美國文化戰爭的最新一場肉搏戰。自九○年代以來，兩個美

每年6月，在紐約都會舉辦同志大遊行。
照片上這對幸福的戀人，
高舉著「我們在一起十三年了。讓我們的愛合法化吧」。

紐約同志遊行中，一對穿著禮服的同志愛人。

國的文化戰爭成為政治地景上最明顯的圖像，兩黨在墮胎權、宗教、同志權、死刑等價值議題上都有明顯的歧異。執政的共和黨不但動用各種資源去支持保守派團體或右派宗教團體，更和他們的外圍團體積極掀起各種戰火，例如讓宗教進入更多公共領域、以及抹黑自由派的各種主張。他們成功地以文化戰爭來遮掩階級矛盾，讓價值比較保守的藍領工人支持和大財團站在一起的共和黨。

　　圍繞著同性婚姻的爭議更是這場文化戰爭的主軸。不少人認為，2004年布希的勝利就是靠著動員兩種恐懼：對恐怖分子和同志的恐懼。

　　2004年初，布希打算在國會提出憲法修正案禁止同性婚姻。但眾人皆知這個修正案幾乎不可能得到三分之二多數，但為何布希還是堅持要做？原因是為了要動員共和黨的宗教基本教義派選民。因為不論是總統還是國會的選戰，雙方的選票都差距不大，所以任何一點差異都會影響全局。

　　共和黨一方面在中央的國會提出憲法修正案，來激起基本教義派的敵我意識，另方面也在選戰比較膠著的十一個州，把禁止同性婚姻案列入公投案中，在2004年總統大選當天一起投票，以提高共和黨支持者的投票率。結果，這十一個州都通過贊成立法禁止同性婚姻；在總統大選最關鍵的俄亥俄州，投票的選民中有三分之二反對同性結婚。

　　這個關於同志婚姻的法律戰當然沒有結束。目前全美只有麻薩諸塞州承認同性結婚的合法地位——合法後的三年內有超過八千多對同

志伴侶登記結婚，佛蒙特和康乃狄克州則賦予同性伴侶和異性夫婦相同的權利（civil union），但卻有四十多個州通過憲法修正案或是法律明文規定將婚姻關係限制於異性之間。

在2006年，由於年底要國會改選，所以共和黨故技重施，又在年中於聯邦參眾議院提出禁止同性結婚的憲法修正案，並於年底國會選舉時，在八個州舉辦公投。但在選舉之前，在幾個州已經展開激烈法院攻防戰。7月時，紐約州高等法院否定同志結婚的權利，讓同志團體深感失望，因為畢竟紐約是以開放文化著稱，紐約市的石牆（Stone Wall）更是同志運動最燦爛的歷史地標。但10月25日，紐澤西州法院裁決同性戀伴侶和異性伴侶享有同樣的合法地位和權利義務，雖然是否要稱做「婚姻」要由該州議會決定。

在以紐約為背景的暢銷影集《六人行》（Friends）中，同志家庭早就靜靜地出現。今日美國公共電視的爭議或許因為公視是受政府贊助發。但公共電視原本成立的目就明文寫著希望提供一個弱勢發聲的平台，以及一個不同意見爭辯的論壇，這個兒童節目的宗旨更是為了讓小孩可以深刻瞭解存在於美國的多元文化。但今天教育部及保守派的立場是，多元可以是種族、階級、宗教，但不能是性取向。所以，美國是生而平等——只是某些人比其他人更平等。

原本只是要去一個真實、普通美國家庭裡學做楓糖的無辜小兔子，並不知道自己會誤入叢林，來到一個瘋狂的政治戰場。

Part 3｜人民如何擁有力量
How Do People Have the Power?

23

全球化與公平貿易
Globalization and Fair Trade

　　剛來到美國時，走進學校的咖啡店，價目表上標誌著「公平貿易咖啡」（fair trade coffee），並且只有公平貿易咖啡。

　　什麼是公平貿易咖啡？

　　先看一個事實。雖然咖啡店中的卡布其諾的價格不斷上揚，但是咖啡原豆價格卻在過去十年幾乎滑落了70%。當然，不只是咖啡豆，許多農產品在過去二十年的價格都不斷下滑，且波動甚大，可是世界上最貧窮的人口大部分是依賴種植和出口農產品為生。因此，在這個所謂全球化時代，許多第三世界農民卻越來越難以生存。

　　因此，過去十幾年在西方一個新的運動正如火如荼地展開：以「公平貿易」（fair trade）來取代「自由貿易」（free trade）。因為當西

反叛的凝視
The Rebellious Gaze

方國家不斷鼓吹自由貿易時，他們卻鉅額補貼國內農業，使其能以低價大量進入世界市場；另一方面，他們也透過不斷壓迫第三世界國家，要求他們取消關稅、減低對產業政策補貼，以及開放市場。這是一個不公平的貿易：從非洲的咖啡和棉花農民到墨西哥的玉米農民，數以百萬的發展中國家小農因為西方的農業傾銷而被迫賤賣農產品，甚至被推離市場。

因此，公平貿易運動的戰線之一是主張要幫助第三世界國家發展，必須改變全球貿易體系的不公平規則。這一方面是反對富國要求第三國家迅速而盲目地追求貿易自由化，另方面應該要取消富有國對本國農業和紡織品的補貼，並先降低他們的關稅。諾貝爾經濟學獎得主、前世界銀行首席經濟學家史蒂格里茲（Joseph Stiglitz）就主張富有國應該要對比他們窮而小的國家無條件開放市場。

2001年世貿組織的杜哈會議承諾要建立一個架構讓貿易和窮國發展結合起來，但是富國並無法實踐這些承諾，因此，杜哈會議先是在2003年的坎昆會議談判破裂，又在2006年6月宣布中止。

公平貿易運動的另一個主軸則是發動所謂的「倫理消費」，鼓吹消費者在市場上選擇公平貿易產品。所謂倫理消費的意義不只是在於提供另一種消費選擇，而更在於透過消費者的集體行動，去改變大企業或者整個供應鏈的生產邏輯，譬如消費者可以拒買由血汗工廠製造的成衣。

公平貿易的倫理消費，希望透過消費者直接購買原產地生產的貨

販賣公平貿易咖啡已經成為西方國家一股重要潮流。

品，讓第三世界的弱勢生產者獲得基本而穩定的收入，建立一種可以永續發展的貿易夥伴關係。因此，從八○年代末開始建立了公平貿易的標籤制度，來發給符合公平貿易標準的第三世界國家商品（咖啡豆、可可豆、糖、米等）。這個標準包括收購商必須以保證價格、長期契約關係向第三世界國家農民購買，以確保他們的基本收入；生產場所要符合一定的勞動標準，包括不能用童工、奴工，要確保工作場所安全等。收購商並要提供一筆保障基金協助當地社區發展，當地的生產組織則是實施民主參與的小型農民合作社。例如，咖啡原豆的市場價格是一磅30分美金，但透過公平貿易系統則可以以1.2元美金或更高價格賣出。

在跨國非政府組織（NGO）或是西方以及第三世界各地草根組織的努力下，全球被認證的生產組織在2005年已經有五百零八個，比起2001年成長了127%。公平貿易市場也迅速成長；在美國，2005年的公平貿易咖啡就比前一年增加70%的銷售量，且已經有一百多所大學的咖啡店是只賣公平貿易咖啡——當然，這都是學生推動的成果。

目前包括雀巢在內的全球四大咖啡經銷商都開始販賣公平貿易咖啡。世界最大連鎖咖啡店，也是全球化的象徵之一的星巴克（Starbucks），2000年起在龐大壓力下開始在美國門市販賣公平貿易咖啡豆。不過，一來他們現場煮的咖啡仍然不是公平貿易咖啡，二來並不是所有星巴克門市都有賣公平貿易咖啡，且雖然他們是向美國公平貿易組織購買咖啡的最大客戶，但這在他們自己的咖啡採購中卻占不到2%。

1999年在西雅圖的世界貿易組織會議，星巴克咖啡店的玻璃被石塊砸破。當然，星巴克只是一個象徵，一個代表全球化在經濟和文化支配力量的象徵。人們的憤怒是因爲所謂的全球化並沒有帶來其所承諾的各種好處。世界不平等日益嚴重，且全球還有45%的人口每天生活在不到兩美元的生活水準。

　　公平貿易只是挑戰既有的全球化邏輯的一環，而不是全部解藥。但這個運動的確一步步改變全球化巨輪的方向：公平貿易的消費者運動不斷壯大，而世貿會議在杜哈回合也承認了窮國「發展」的優先性與正當性，雖然他們始終無法實踐承諾。

　　路還很長，但亮光卻在前頭。

反叛的凝視
The Rebellious Gaze

24

另一個世界是可能的
Another World Is Possible

2005年底的最後一個月,在香港的WTO部長會議達成了在2013年先進國家取消農業補貼的決議,地球另一端的玻利維亞則選出了左派的原住民總統,而美國《時代雜誌》剛宣布搖滾樂團U2主唱Bono和微軟的比爾·蓋茲夫婦獲選為年度風雲人物,理由是他們對消除世界貧窮的努力。

這三件看似無關的事,其實標誌著一個全新的現象:全球化已經到了一個新的轉角處。

過去幾十年來資本、貿易和金融的全球化並不像其所許諾的,可以讓世界各國家共同繁榮,或者造就一個平坦的地球,讓個人只要努力就可以出頭天。事實上,世界的不平等是越來越嚴重。首先,過去五十年來,只有已開發國家、東亞國家和印度等國家的經濟是向上提

升，但非洲和其他中等收入的國家（如拉丁美洲和東歐）卻經濟停滯或相對衰退。國家之間的不平等日益擴大，最富有的國家在1960年代是窮國的十六倍，到了1999年卻變成三十五倍。再者，根據世界銀行的研究，如果不比國家而以全球人口來看，前10%富有的人掌握有三分之二的世界財富，且與最窮的10%的人的貧富差距比四十年前更大。最後，不論是窮國、富國，或是躍升中的國家如中國，國家內部的貧富差距都日益擴大。

就貧窮問題來說，全球還有45%的人口每天生活在不到兩美元的生活水準，有三十五億的非洲人在2000年的生活水平比1980年更差。尤其貧窮不只是經濟收入問題，而涉及人民可享用的公共服務、衛生資源等，所以貧窮的後果是生命的脆弱：目前世界上有三分之一的死亡是和貧窮有關。全球資本主義的美麗謊言早已被宣告破產。

這裡並不是說這些不平等完全是全球化本身的結果，因為資訊和科技的流通也可能有利於後進國家。但問題是，全球化的遊戲規則和國際經濟體制的制度設計在本質上就有明顯偏向富有者和大資本的獲利；更具體地說，西方強國及國際經濟組織所推動的新自由主義政策（私有化、去管制、自由貿易等）會強化國際間及國內的社會不平等。所以如果不去控制和駕馭全球化的方向、去改造相關的制度，就只能放縱不平等的趨勢繼續啃噬著人類的生命和生活尊嚴。

不過，這個以新自由主義為主軸的全球化模式，已經引起了受害的國家和人民強烈反彈，不論是在全球層次還是在國內層次。在全球

反叛的凝視
The Rebellious Gaze

層次，雖然欠缺一個世界政府去對資本課稅或是進行全球性財富重分配，但是全球公民社會的長期鬥爭已經逐步改變全球化的進程，並使得更多世人認識不平等是當前世界的迫切的危機。

2005年這一年被視為「讓貧窮成為歷史」（Make Poverty History）的關鍵年，而這一年的三大扶貧行動是：大幅增加富國給窮國的外援、刪除窮國積欠富國的外債、取消富國農業補貼的公平貿易。關鍵點是9月的聯合國高峰會會評估他們之前訂定的「千禧年發展目標」進展——這個目標是在2015年前減少世界貧窮人口的一半；8月由英國所領導的八大工業國高峰會議會把優先議題放在幫助非洲發展；而12月在香港的世界貿易組織（WTO）部長會議的目標就是如何結合第三世界發展和貿易發展。

在國內層次，上述全球化導致的負面社會後果也引起了國內的巨大反彈，最明顯的就是拉丁美洲逐漸向左轉。拉美從八〇年代開始在國際經濟組織的壓力下推動新自由主義，至今不但經濟沒有起色，實質所得和八〇年代幾乎一樣，且反而更造成國家能力的退化、底層人民生活的持續貧困，原本就很嚴重的貧富不均日益擴大。最近一份聯合國研究報告指出，有兩億的拉美人民在過去六年間從中產階級陷入貧窮，也因此拉美各國人民一個個開始支持左翼民粹主義政權，不論是阿根廷、智利、巴西、委內瑞拉還是玻利維亞、尼加拉瓜。

不過，文首提到的三現象並不代表全球化已經進入全新的典範；這幾個新的發展都有其限制。例如比爾・蓋茲的慈善事業雖然承認全

球化之不足，但並不能改變全球化的根本邏輯——他自己還是最大贏家。世貿試圖採取有利於窮國發展的貿易政策，且在香港會議達成刪除農業補貼的決議，但是各國巨大的利益衝突，又使得2006年的進一步會談又宣告破裂。再者，玻利維亞或拉美可能的新左翼政府到底是要採取巴西魯拉的中間偏左路線，還是委內瑞拉查瓦茲的激進左翼路線，才能真正帶來兼具不等與成長的發展策略，並作為其他發展中國家的借鏡，有待更多的試煉。

　　但無論如何，全球化已經被人民的反抗力量用力推動轉了一個彎，不可能再走回過去那個一廂情願的天真道路。越來越多人開始相信，雖然我們不確定下一條讓世界更美好的道路必定是什麼，但是我們確定的是，我們必須放棄市場至上的新自由主義，我們要建構一個管理全球化的全球治理機制，並且，我們堅信這個反全球化的著名口號：「另一個世界是可能的」（Another World Is Possible）。

國家圖書館出版品預行編目資料

反叛的凝視 他們如何改變世界？ / 張鐵志著. --
初版. --台北縣中和市：
INK印刻, 2007〔民96〕
面；　　公分. --（文學叢書：143）

ISBN　978-986-6873-00-3　（平裝）

1.政治-美國 2.美國-文化 3.美國-社會

752.3　　　　　　　　　　95024912

文學叢書　143

反叛的凝視
他們如何改變世界？

作　者	張鐵志
總編輯	初安民
責任編輯	丁名慶
美術編輯	王志弘
校　對	余淑宜　丁名慶　張鐵志

發行人　張書銘

出　版　**INK** 印刻文學生活雜誌出版有限公司
　　　　新北市中和區建一路249號8樓
　　　　電話：02-22281626
　　　　傳真：02-22281598
　　　　e-mail：ink.book@msa.hinet.net

網　址　舒讀網http：//www.sudu.cc

法律顧問　漢廷法律事務所
　　　　　劉大正律師

總代理　成陽出版股份有限公司
　　　　電話：03-3589000（代表號）
　　　　傳真：03-3556521

郵政劃撥　19000691　成陽出版股份有限公司

印　刷　海王印刷事業股份有限公司

港澳總經銷　泛華發行代理有限公司
地　址　香港筲箕灣東旺道3號星島新聞集團大廈3樓
電　話　(852) 2798 2220
傳　真　(852) 2796 5471
網　址　www.gccd.com.hk

出版日期　2007年2月　初版
　　　　　2014年1月24日　初版四刷

ISBN　978-986-6873-00-3

定　價　199元